家庭で役立つ
10代子育てのヒント

金沢学院大学特任教授
高 賢一 著

まえがき

近年、スマホの普及により、子どもの世界や大人の世界に大きな変化が見られるようになってきました。大切なコミュニケーションや情報伝達・収集のツールであるスマホには、そのような大きなメリットがある一方で、個人の誹謗中傷《ひぼうちゅうしょう》やいじめ問題を助長しかねないツールになっていることは憂慮すべきことです。

このような状況の中で、親子の大切なコミュニケーションが深まらないまま、子どもが不登校やひきこもりなどに陥ったり、親が知らない間に子どもがいじめに苦しめられ、いじめを苦にした自殺に発展したりする事例も少なくありません。本書は、親子の血の通ったコミュニケーションや子育てのあり方を提示するものです。

平成29（2017）年9月に、北國新聞社出版局より『不登校を乗り越えるために』という書籍を出版しました。不登校のお子さんや親御さんの視点に立って、不登校を乗り越えるための具体策を提案しました。さらに、平成30年4月から3年間、北國新聞の生活・文化面で『高賢一の実践親子塾』を連載し、たくさんの方から励ましのお言葉を頂きました。この連載は、思春期の子どもにどのように接したらいいのか、親子のより良いコミュニケーションのあり方を提示するものです。そして令和2年5月に、連載記事を整理して再編集した『思春期の子どもとどう接するか』を出版しました。

本書では、さまざまな子育て論がある中で、私が担当した数多くの教育相談事例を通して得られた知見を整理しました。思春期の子どもと向き合うために、子どもの心の受け止め方、子どもの褒め方・叱り方などを提示し、さらに、近年注目されている発達障害の子ども、人一倍敏感な子ども（ＨＳＣ）に焦点を当て、そうした子どもに対する理解と支援策を提示しています。

本書で最も強調したかったのが第5章と第6章です。第5章では、思春期の子どもたちに親がぜひとも伝えてほしいこと、そして第6章では、子育てにあたって親として大切なことについて、Ｑ＆Ａ方式で解説しています。

世の中がめまぐるしく変化し、人々の価値観や子育ても多様化していますが、いつの時代でも変わらないのは親子の愛情であると信じています。子どもたちは日本の大切な宝物であり、無限の可能性を秘めています。我々大人は、こうした子どもたちの成長を支える責務があります。ぜひ参考にしていただければ幸いです。

目次

第3章　発達障害のある子どもの理解と支援

第6章　親として大切なこと　175

第1章
思春期の子どもの特徴

私は、公立中学校に7年間、公立高校に20年間在職し、長らく思春期の学校教育相談に関わってきました。現在は、大学教員として教職論や教育相談などの教職課程の授業を担当する一方、これまで学生相談室の専任カウンセラーとして、大人に移行しつつある学生やその保護者のカウンセリングに取り組んできました。

また、地域貢献の一環として、10年前から公立中学校や公立高校のスクールカウンセラーとして、思春期の子どもたち、その保護者や教職員を支援しています。加えて、不登校と向き合う親の学習会（やすらぎの会）のアドバイザーとして、10年間、不登校の子どもたち（主に思春期）や保護者を支援しています。

長らく思春期の子どもたちに関わってきたことから、扱いが難しいと言われる思春期の子どもたちの理解と支援、思春期のより良い子育てや親子のコミュニケーションなどを模索してきました。思春期の子育てに向き合うために、まずは思春期の子どもたちの特徴を把握しておく必要があります。

体の急成長に心が追いつけないアンバランス

思春期といえば、中学生あたりをイメージしますが、実際は、早い子どもで小学校中学年あたりから思春期が始まります。一般的に高校生ぐらいで終わると言われていますが、中には大学生あたりまで長引く子どももいます。また、子どもは親から自立しようともがきますので、思春期と反抗期が重なることになります。中には親に反抗するわけでもなく、スッと思春期を抜ける子どももいます。

思春期は、子どもから大人になる準備期間です。体は急激に大人へと向かうものの、心はその成長に追いつけないアンバランスな時期でもあります。まさに大人と子どもの中間である思春期の子どもは、**自立を強く求める気持ちとともに、まだまだ親に依存しなければ生きられないという現実との狭間《はざま》で葛藤《かっとう》しています。**したがって、思春期に入ると、何かにつけ不機嫌になったり、反抗的で扱いにくくなったりします。

外では目いっぱい気を遣《つか》っているのに、家では口を利かなくなったり、親を批判したりすることもあります。親を一人の人間として見るようになり、父親をうとましく感じたり、母親の女性としての生き方に反感を持ったりします。「大人として認められたい」という思いと、親に依存しなければまだ生きていけない立場や無力感の間で揺れ動いています。親としても、扱いにくい子どもにどう対応していくのか思い悩むところです。

男の子の不安定な感情に戸惑う親

男の子の思春期は、親にとっては子育ての最難関になるかもしれませんが、この時期こそ、子育てをやり直す最後のチャンスでもあります。心も体も思うように制御できないために、感情が不安定で、親に反抗したと思ったら、甘えるそぶりを見せたりします。また、急に口を利かなくなったりするなど、親はこんな男の子に戸惑うばかりです。私には2人の息子がいますが、思春期の頃は、特に母親に対する風当たりが強かったように思います。

一方、**思春期の女の子の心は、まるでガラス細工のように繊細**です。まだまだ自我が脆弱《ぜいじゃく》で、自分探しや自分づくりの真っ只中にいる**思春期の女の子は、他人からどう見られているのかということにとても敏感**です。ささいなことで傷つくことがあったり、自己肯定感の低さからいつの間にか自分を傷つけてしまったりします。

思春期の女の子をどう守るか

さらには、世の中には思春期の女の子をターゲットにした犯罪などの危険がいっぱいです。何でも話してくれるというわけではなくなった娘のことが心配で仕方ありません。近づけば近づくほど、離れていってしまいます。思春期の子どもをどのように守るか、親としての大きな課題の一つになります。

思春期の子ども、とりわけ女の子は、男の子に比べて心も体も早熟であるため、早くから問題を抱えがちです。体の急激な変化による戸惑いだけでなく、感情が不安定になりがちです。**いじめ問題や女子特有の小集団でのトラブルは、かなりのストレスになります。**

男の子であれ女の子であれ、親は、思春期の子どもの不安定な感情や友人関係、勉強などに関する問題に戸惑い、混乱するものです。何でも話してくれるわけでもない娘をどう守るか、親としての大きな課題となります。

自立と依存の間で葛藤

思春期の子どもは「大人として認められたい」という思いと、親に依存しなければ、まだ生きていけない立場や無力感を感じながら、心は常に葛藤しています。親として子どもにどう対応していくか悩むところです。しかし、親自身も歩んできた道です。

自分が思春期の頃、皆さんの親はどのように接したでしょうか。そこから親としての接し方のヒントが得られる気がします。親としては、こうした思春期特有の特徴を理解しながら、一喜一憂せずにゆったり構えることができたらと思います。

第2章
子どもと向き合うために

子どもは親の期待に添うように努力している

全ての子どもがそうであるというわけではありませんが、思春期は甘えと自立の葛藤が起こる不安定な時期です。体と心の成長がアンバランスになるのも思春期です。見かけは大人っぽく見えるけど、話してみると幼い感じがして違和感を覚えることがあります。親として時には子ども扱いをしたり、時には大人扱いしたりすることがあり、そのような扱いをされる子どもも混乱してしまいます。

一般的に、子どもは親から良い子だと思われたい、親から愛されたいと願って生きています。親からひどい虐待を受けた子どもが、「自分が悪いからではないか」と思い込むケースもあるくらいです。子どもは、親の期待に添うように努力して成長していきます。もし幼いころから問題行動を頻発《ひんぱつ》している子どもであれば、それは親から愛されていないと感じているからかもしれません。

親は、子どものこのような気持ちに気付いていないことが多いのではないでしょうか。そして、子どものそのような努力が破綻《はたん》しやすくなるのが思春期なのです。思春期には、いろいろな変化が激しくなり、解決しなければならない課題が多くあるからです。子どもは、自分の体が大きく変化する時、実際にどのようになっていくのかよく分かりません。また、子どものままでいたいという気持ちが強くあるのかもしれませんね。

1 子どものSOSに気付く

思春期は、身体的にも精神的にも大きく変化する時期なので、当然精神的に不安定になります。つまり、自分のことに自信を持てなくなるのです。さらにこの時期から親からの自立という課題も加わります。親とは対等にやりたいけれど、自分に自信が持てないので助けもほしいということです。

いずれにしても、**子どもは大人からの助け、指導、共感、愛情を求めています。そして、子どもはさまざまなサインを出していますが**、それに気付かず、子どもの手を離してしまう悲劇が起こる場合もあります。したがって、あまり神経質になる必要はありませんが、子どもの発するサインを感じ取る感性を磨き、子どもに自信を持たせる関わりをしていく必要があります。

子どもからのSOS ①

不登校やひきこもりというサイン

子どもが自分の部屋に閉じこもって外に出たがらない、学校に行きたがらないといった時、家族としては、ひきこもりや不登校がとても心配になると思います。どちらも「ひきこもっている状態」「学校に行っていない状態」をさす言葉で、病気を意味する言葉ではありません。

しかし、頭痛や腹痛などの心身の症状を訴えることがあります。また、ひきこもりや不登校のなかに、心の病気が隠れていたり、心の病気の原因になったりすることがあります。ちなみに**ひきこもりとは、さまざまな要因の結果、修学、就労、家族外での交遊などの社会的参加をせず、6カ月以上家庭に留まっている状態**とされています。

子どもが突然学校に行かなくなると、親としては、もしかしたら不登校やひきこもりになるのではないかと不安になります。子どもが不登校になる時は、そのほとんどに前兆のサインが見られます。そのサインを早く察知し、できるだけ早く対応する必要があります。ただし、同じ不登校でも一過性のものもあれば、かなり根の深いものもあります。もし心配なサインを感じたら、すみやかに学校や専門相談機関に相談していただければと思います。

本人の現状や苦しみを全面的に受け入れる

不登校やひきこもりのサインを感じたら、まずはできるだけ子どもに声を掛け、子どもの話を傾聴して下さい。子どもは、今生きているだけで精いっぱいなのかもしれません。**子どもの話に筋が通っていなくても、否定しないで真剣に聴いてあげて下さい。**話を聴いていくうちに親を責めるようなことを吐き出すことがありますが、これは心を開いてきたからです。提案や指示はできるだけ控えて、本人の現状や苦しみを全面的に受け入れて下さい。

子どもが不登校になると、学校と家庭が対立することがあります。これは決してよい結果をもたらすことはありません。学校との協力関係を大切にして下さい。場合によっては、スクールカウンセラーが学校との仲介役を果たすこともあります。お互いに批判し合っても、一番つらい思いをするのは子どもだからです。子どもに過剰な期待をしないことが大切です。**叱る・励ますよりも、子どもの話をしっかりと受け止めることの方が、**解決の早道になることがあります。

自己肯定感を高めてあげる

不登校やひきこもりになる子どもは、一般的に「長所も短所も含めて、全部自分のことが大好き」という自己肯定感が低くなっています。したがって、**子どもの長所を探してあげるとともに、短所は個性として認めてあげて下さい。**長所やプラスに変化したことをメモしておいて、必ず本人に伝えるようにすると、子どもの自己肯定感が高まっていきます。

子どもと接する時間が足りないと嘆く人がいますが、「接する時間の量よりも愛情の質が大切」と言われるように、親の愛情を子どもにうまく伝える方法を工夫して下さい。それができれば接する時間が少なくても大丈夫です。そして、親が子どもに関わる時のバランスや夫婦関係を、今一度見直して下さい。両親共に厳しかったり、共に放任であったりするとバランスが良くないこと、**夫婦仲が悪いと子どもの問題の原因になることが少なくない**ことなどを意識して下さい。

子どもからのSOS②

自分を傷つけるというサイン

ストレスから自分を傷つける行為が、10代から20代を中心とした若い世代に見られます。リストカット、ピアス穴を過剰に開ける、髪の毛を抜く抜毛症などがあります。リストカットしたからといって、必ずしも自殺をしたいと思っているわけではありません。これらの行為は、**自分の身体を傷つけることで、精神的な苦痛を和らげようとする気持ちが隠れている**ことがあります。

自傷行為は、怒り、虚しさ、劣等感などの感情が抑えられず、自分を傷つけることです。繰り返し行うことが多くなり、次第に常習化していきます。複数の方法や手段で行うこともあります。こうした子どもは自尊心が低く、自己否定的な傾向がみられます。親の虐待が原因となることもあります。このような自傷行為を行う子どもに対して、どう接したらいいのでしょうか？

つらい気持ちに寄り添う

まずは、**「なぜそんなことをするのか。そんなことをして何になるか」などと、自傷行為を責めないことです。**精神的ストレスから、自分を傷つける人もいることを伝えます。**「自分を傷つけたいほどつらいんだね」など、本人の苦しい気持ちに寄り添います。傷つけたくなった時、いつでも話を聴く準備があることを伝えます。**程度がひどい場合、一緒に学校や相談機関に行ったり、病院に行ったりすることも伝えます。

リストカットなどの自傷行為は、次に起こるかもしれない**自殺の危険を示すサインであることもあり、慎重に対応していくことが大切**です。医療機関に繋ぐことは大切ですが、初めは抵抗することも少なくありません。子どもと話をする際にも、「その時はどうして切ったの？」などと原因を問うのではなく、「落ち着くのに一番効果があったことは？どれくらいしたら元の自分に戻れたの？」などとプラスの方向で話し合います。「ちゃんと自分で立ち直ることができたね」と、本人のつらい気持ちや前向きの姿勢を評価するような形で関わることができたらいいですね。

子どもからのSOS③

消えてしまいたい（死にたい）というサイン

一人で悩みを抱えてしまうと、思いつめ、自殺を考えることがあります。学校の友達関係の悩みだけでなく、うつ病、統合失調症などの病気でも、自殺のリスクが高まります。次のような前兆となるサインがみられることもあります。

▽自殺について口にする。▽「消えたい、いなくなりたい」などとほのめかす。▽「自分は生きている価値がない」「生まれてこなければよかった」などと言う。▽周りに迷惑をかけていると自分を責める。▽身の回りのものを片付けたり、人に譲ったりする。▽自暴自棄になる。

このようなサインに気付いたら、必ず声を掛け、話を聴きましょう。「何を考えているんだ！」「バカなことを言うな！」などの声掛けは、子どもをますます追い詰めてしまいます。

「あなたのことを心配している。大切に思っている」という気持ちを本人に伝えること、「消えてしまいたいほどつらい」という子どもの気持ちを受け止めることが大切です。**自殺のリスクが切迫していると感じるのであれば、速やかに専門家や専門機関に相談し、どのように対応すればよいかアドバイスをもらうようにして下さい。**

心配を伝え、尋ね、傾聴し、安全を確保

自殺をほのめかす子どもに対して、TALK（トーク）の原則があります。**①言葉に出して心配していることを伝える（Tell）、②「死にたい」という気持ちについて率直に尋ねる（Ask）「どんな時に死にたいと思ってしまうのかなあ?」、③絶望的な気持ちを傾聴する（Listen）、④安全を確保する（Keep safe）危険と感じたら、まず一人にしないで寄り添い、他からも適切な援助を求めるようにします。**

子どもの自殺が差し迫っていて緊急を要する場合は、決して一人で抱え込まないことです。最悪の場合、警察や心の救急ダイヤル等に連絡するか、保健福祉センター（保健所）やこころの健康センターなどに相談して下さい。このように、一人で抱えきれなくなった時の緊急相談・連絡機関をメモしておくことが大切です。

子どもからのSOS④

睡眠、食欲、体調、行動に異変が

子どもの悩みやストレスが大きくなって、落ち込みそうになった時に、さまざまなサインが現れます。特に**心のSOSは、睡眠、食欲、体調、行動の4つの面に出てくることが多い**のです。「今までこんなことがなかった」「どうも普段の様子とは違う」など、いつもと違うことへの気付きが大切です。次のようなサインが続いているようならば、子どもから話を聞いてみましょう。そして、つらい状態が続いている場合は、専門家や専門機関に相談してみて下さい。

4つの面で普段と違う様子

睡眠ですが、よく眠れること、つまり十分な睡眠は心の健康にとって大切です。「布団に入っても、なかなか寝つけない。遅くまで夜更かししている。朝起きるのがつらそうで、なかなか起きられない。睡眠のリズムが崩れている。眠られない。寝すぎる」

などのサインがあります。

体調ですが、心の病気も、最初は体調に出てくることがよくあります。「体がだるそう。疲れている。元気がない。顔色が悪い。頭痛や腹痛、めまい、吐き気などを訴える」などのサインがあります。

行動ですが、本人よりも周囲が気付きやすいサインです。「学校に行きたがらない。家から出ないでひきこもりがちになった。友達と遊ばなくなった。身だしなみを気にしなくなった。無口になった。あいさつをしなくなった。何度も同じ動作や行動を繰り返す。気持ちが抑えられなくなり暴力をふるう。何もしないで長い間ぼんやりしている。表情が変わらず、感情面での反応が少なくなった。話が支離滅裂になり通じなくなった。独り言を言うようになった」などのサインがあります。

以上のようなサインがあるからといって、必ずしも心の病気とは限りません。ただ、これまでなかったのに、このようなサインが見受けられるようになった場合は、それは心のSOSなのかもしれません。心の病気は、多くの場合、早期に治療するほど回復も早くなると言われています。

言語化から行動化、症状化へ

子どものＳＯＳのサインの出し方には例外はありますが、一般的には**言語化→行動化→症状化という順で発信されます。**

まずは言語化レベルのＳＯＳサインですが、例えば「～したくないよ」「～がつらいよ」「～が悲しいよ」と、自分の気持ちを言葉で語ってくれるＳＯＳサインです。

次に行動化レベルのサインですが、「学校に行きたくないよ」と言っていたわけではないのに、ある日突然、何も言わずに学校に行かなくなる、ある日を境にして、何も言わず急に勉強を完全に放棄してしまうなどです。最後に症状化レベルのサインは、思春期特有のリストカットや家出などといった「行動化」を起こしている場合です。

子どもに必要なことは、「言葉で自分の気持ちを語って、聞いてくれる人がいること」、つまり言語化です。中には、自分の中の「ムシャクシャした気持ち」を行動で表すこともできない子どももいます。いわゆる内向的で、気持ちを「ためこんでしまう」タイプの子どもです。そんな子どもに生じるのが「症状化」なのです。

朝、学校に行く時間になると、自分でも何だかよく分からないが、突然腹痛や頭痛がしてきたり、毎日のように激しいめまいや吐き気などに襲われたりするようになってきます。**一番大切なのは、子どものつらい気持ちに寄り添うこと、そして子ども自身が語り始めるのを辛抱強く「待つ」こと**です。子育てで最も重要な鉄則は、親自身の心が安定していることです。

2 思春期の子どもの心をどう受け止めるか

思春期の子どもにどのように寄り添っていけばいいか、親御さんとしては大いに悩むところです。この場合、親があまり口出し手出しをせずに、思春期が通り過ぎるのを黙って見守る、あるいはじっと我慢するという考え方もあろうかと思います。しかし本書では、思春期の子どもを黙って見守るのではなく、より良い関わり方を模索することによって、子どもの自立を促すという考え方に添って話を進めていきたいと思います。

思春期の子どもへの関わり方を考える時に大切なことは、**まずは親の姿勢から始ま**

るということです。姿勢とは、**子どもをどのように見て、どのように接するか、その基本的な態度**といえます。つまり、親の基本的なものの考え方や姿勢が反映されているのです。

「ああしなさい、こうしなさい。それは違うでしょう。そんなこと言った？」などと、**指示・命令ばかりをする態度で子どもを育ててきた人は、子どもが思春期になっても同じことを続けますが、たいていは子どもの反発を招きます。**そのあげくに押さえつけるか、勝手にしろと放り出すかのパターンが起こりやすいものです。

放任態度の親は、「あなたを信頼しているからね。悪いことなんかしていないわね」などと言ったりします。このような**欺瞞《ぎまん》の言葉など、思春期の子どもはすぐに見破ってしまいます。**いずれの態度も、基本的には子どもを信頼していないということです。まずは、親としてどのような姿勢でいるかを決めていただければと思います。

命令、指示より子どもに協力、支援する態度で

つまり、子どもにどうすべきではなくて、人生の先輩として、**親としてどうしたいのかを決めて下さいということです。そこから、子どもへの接し方の全てが現れてき**

ます。とりわけ、思春期に入った子どもに対しては、子どもに指示する・命令する、あるいは放任する態度ではなく、**子どもに協力する、あるいは支援する態度というのは、親も子どもも無理をしない効果的な方法**であると思われます。

ただし、何でもかんでも支援する・協力する態度がいいというわけではありません。時と場合によっては、指示する・指導する態度も必要になります。いわゆるアクセルとブレーキの使い分けが大切であるということです。とりわけ危険なことや命に関わる緊急の問題については、指示する・指導する・救済するなど、厳しい態度で接する必要があります。

子どもの心の受け止め方①

怒りまくる子どもへの対応

怒りを出しまくる子どもがいますが、このような子どもは扱いにくいものです。怒りの感情が生み出された背景には、悲しみ、恨み、みじめさ、つらさ、寂しさ、ねたみなど、別々の感情があります。このような気持ちを何とかしたいから、相手を支配しようとして怒りの感情が使われることもあります。子どもが怒りの感情を出しまくるのであれば、**どのような出来事やきっかけがあって怒りが出たのか聞いてみたいと**ころです。

子どもが話をしてくれたら留意することがあります。話を聞いて、「そんなのおかしい」などと、頭から否定をしないことが肝心です。そして、**背景の感情を確かめ、まずはその気持ちを理解してあげて下さい**。子どもの背景の感情が分かれば、怒りとか暴力を出すことが少なくなるかもしれません。口より手や足が出てしまうことがありますが、怒りや暴力で訴えるのではなく、その感情を相手に言葉で伝えるという方法があるからです。

ここで一つ注意しなければならないことがあります。双極性障害などの精神疾患を抱えている場合は、こうした対応が通用しないケースがあろうかと思います。できれば心療内科や精神科などのクリニックでの受診をお勧めしますが、それが難しい場合は、児童相談所や各都道府県の「こころの健康センター」などに相談されてみることをお勧めします。

分かってくれない相手にキレる

「キレる」とよく言いますが、これは感情のコントロールが上手にできていない状態のことです。そのような感情を使うことをどこかで学んだことも関係している場合があります。もしかしたら、子どもの周りにそのようにしている人、つまり感情を爆発させているモデル、例えば家族や友達がいる可能性が高いということです。

キレるといっても、相手がいて、その相手に対してキレることがほとんどです。例えば、相手にきちんと言っても、相手は分かっていない、感じていない、分かろう・感じようとしていないことがあります。つまり、**自分が言っていることが無意味になればなるほど、キレやすくなる**ということです。キレるというのは、悲しくなって諦めるよりも、怒りを爆発させることを選んだということになります。

周りの人は、子どもの言っていることや感じていることを切り捨てて、「そんな考えは、世間や学校では通用しない」「頭がおかしいのと違う?」「変な子や」などと言ってしまいがちです。大人の考えや見方を一方的に押し付けたり、無視などをしたりすると、子どもの気持ちは行き場所を失ってしまい、キレるということになります。キレるやり方がおかしいのであれば、キレさせるような対応もおかしいのではないかと考えてみる必要があります。

子どもの心の受け止め方②

思春期は自己評価が低くなる時期

思春期というのは、身体的にも精神的にも成長の途中であるため不安定な時期です。自分の能力を使って何か素晴らしいことができたという体験や実感もあまり得られなかったり、「自分はステキだ」とか、「自分は大丈夫だ」という感覚が得られなかったりする時期でもあります。

それまで罰を受けて育った子ども、命令されてばかりで育った子ども、否定されてきた子どもたちは、自分を受け入れられなくなっています。学年が上がるにつれて、実際に「自分は大丈夫だ」という感覚を持っている子どもの方が少なくて、**「自分のことを嫌いだ」と思う子どもの数が増えてきます。**

しかし、現実には生意気な口を利くようになった子どもに対して、親はついつい「なんだ、その態度！その口の利き方は！」などと、子どもの評価を下げる表現をしがちです。できていないところや間違いばかりを指摘するといったやり方ではなく、**できなかったことができるようになったこと、正確にできたことなどをしっかりと褒めてあげることが大切**です。

「よい子」「悪い子」のレッテル貼りは控える

自己評価を高めて、自分を肯定的にとらえてもらうためには、周りから肯定されることが必要です。この時によくなされる**まずいやり方は、「良い子」とか「悪い子」といった人物を評価する方法**です。まずいという理由は**レッテル貼りだから**です。たとえ良い評価であっても、そのやり方は子どもに枠《わく》を作り、生きにくくしてしまいます。

例えば、ある子どもが「いい子だね」と言い続けられたとします。その子どもは、たとえ自分の本心と違っていても、ずっといい子を演じなければならないということです。時間が経つにつれて、気付かないうちに窒息してしまいます。もちろん、「ぐだらない子ども」なんて評価されれば、やる気など起きてこないのは当然といえます。

もし**子どものしていることが良いこと・ステキなことであれば、その行動を指摘し**

ます。「手伝ってくれて**助かるなあ**」とか、「そんなふうに思っていたんだねえ。**うれしいなあ**」などと言われた方が、「いい子だねえ」と言われるよりは、**はるかに気持ちがいいですよね。**

子どもの心の受け止め方③

質問の仕方にも工夫を

子どもを分かろうとする時には、いろいろと尋ねたり、質問したりする必要があります。ただし、思春期の子どもは、こちらからの働きかけを拒否する場合があります。このあたりが難しいところですね。かといって、いつも会話が成立しないわけではありません。会話が成立する時に、心に留めておいた方がよい点について参考にして下さい。

まず、**質問ぜめにしないこと**です。思春期というのは、親に対して秘密を持ち始める時期です。子どもが話したいのか、そうでないのかをよく見ながら、深追いをしないように控える態度も必要です。「**あれなの？これなの？どっちなの？**」などといっ

た質問の仕方は、できるだけ避けたほうがいいと思います。親がはっきりさせたいから聞いているだけのことです。

例えば、夕飯がいるかいらないかを子どもに質問する場合、「夕ご飯、いるの、いらないの、どっち?」などと聞くことがありますね。こんな時、もっと別の言い方はできないでしょうか。確かに、選択肢を出して子どもに決めさせることは、子どもの自己選択・自己決定を促す点では、とても有効な方法ではあります。しかし、先程の聞き方は、子どもを追い詰めるような形になっていますので、子どもは話したくなくなるかもしれません。

そこで、「夕食はどうしたいの?」というような聞き方はいかがですか? 現実的な話としては、時間がなくて子どもがはっきりしない時は、ついつい脅迫めいたことを言ってしまいがちです。これとよく似た質問に、「閉じた質問」があります。これは、イエスかノーで答えられるような質問の仕方です。**「夕食は家で食べるの? 食べないの?」といったもので、これを次々とすると、何か尋問されているような感じ**で、会話が長続きしません。

「どうして」の裏に「間違っている」のメッセージ

「どうしてそんなことをしたの？」などという言い方をしたことはありませんか？一見質問のような聞き方をしていますが、「どうしてそんなバカなことをしたの？」と、明らかに子どもを非難しているように受け止められます。つまり、「**あなたの行動は間違っているから変えなさい**」**というメッセージが子どもに伝わります。**一方的な話なので、これでどんどん追及していくと、子どもは追い詰められてキレてしまうかもしれません。

思春期の頃は、親から正しいことを言われ、それで追及されるのが一番嫌いな時期なのですね。なぜではなくて、「**何があったの？どうなったの？**」**というように尋ねてみて下さい。**そうすれば、いろいろと話してくれるかもしれません。子どもが必要な時、困った時にはいつでも聴くという姿勢を示し、そういうメッセージを伝えておくといいかなと思います。

子どもの心の受け止め方④

つい言ってしまいがちなNGワード

親としてできるだけ控えたい言葉がありますが、ぜひ参考にして下さい。

「あなたが我慢すればすむ話でしょ！」

日本人は、「忍耐」という言葉が好きですね。ペットが死んでつらい時、友達が離れていってつらい時、いじめられてつらい時など、そんな時に「我慢しなさい」などといわれると、子どもはついつい気持ちを押し殺してしまいます。そして、**そこで抑え込まれた気持ちが、後になって不登校や身体の症状として出てくる**ことがあります。

まずは、子どものつらい気持ちを受け止めてあげることが大切です。

「そんなこと、気にしなければいいでしょ！」

子どもは、友達から言われた「キモイ」「ウザイ」などの嫌な言葉をいつまでも引きずってしまいがちです。親としては、「いつまでも気にするな」「そろそろ気持ちを切り替えよう」と言いたくなります。たしかに、気にしなければそれで済むことかもしれません。しかし、子どもはどうしても気になってしまいます。

ちょっとした悪口を友達から言われたことは、気にしなければ済む話ですが、**どうしても気になるので親に伝えたわけです。せっかく勇気を出して話をしてくれたのに、「そんなこと気にするな」と言われてしまうと、「もう誰にも助けを求めることはできない」と消極的になってしまいます。**

「そんなこと、忘れてしまいなさい」

子どもの世界には、楽しい出来事もありますが、悲しい出来事もあります。例えば、「一番仲良しだった友達が転校していなくなった」「大切にしていたペットが死んでしまった」などがあります。中には、親を亡くした子どももいるかもしれません。

それまでずっと親友だった子どもから、「別の友達ができたから、あんたと親友やめたわ」などと一方的に縁を切られたケースがあります。縁を切られた子どもは、もう誰も信じることができなくなったそうです。そんな時に、親から「そんなこと、早く忘れてしまいなさい」などと言われたらどうでしょうか？ただでさえ落ち込んでいる時に、さらに追い打ちをかけることになります。

「あなたにも悪いところがあるでしょ！」

とりわけ、子どもが誰かにいじめられていることについて勇気を出して訴えた時に、「あなたがグズグズしているからよ」「あなたにも問題があるからでしょ！」などの言葉を掛けたらどうでしょうか？子どもとしては、「確かにそうかもしれない。でも、自分では努力しているのに、いじめられることがつらい。自分の気持ちなんか何も分かってくれないんだな。もう話すのはやめよう」と、一人で抱え込んでしまいます。

まずは、子どもが勇気を出して話してくれたことに感謝すること、そして子どものつらい気持ちを受け止めてあげることが大切です。子どもは、頭から否定されたり、非難されたりすると、逆ギレするか、心を閉じてしまうことになりかねません。親自身がいじめられた経験がない場合は、いじめられている子どもの気持ちが分かりづらいものですね。子どもの話をしっかり聴いて、これからどうしたらいいか一緒に考える形がいいかと思われます。

「あなたは言葉」より「わたしは言葉」

ところで、「あなたは言葉」というのは、「あなた」が主語で始まる文章で、「わたしは言葉」というのは、「わたし」が主語で始まる言葉です。この息子さんから相談を受けた時、「**それはつらかったねえ。お母さんは、こんなふうに思うのだけど、あなたはどうかなあ？**」と答えていたらどうでしょうか。「あなたは、どうしてそんなことを気にするの？」で使う「あなたは言葉」と、「わたしは、きっと友達が誤解されるような言い方をしたのじゃないかと思うのだけどなあ」で使う「わたしは言葉」を比べてみて下さい。

「**わたしは言葉」の方が、相手を決めつけることがはるかに少ないので、会話がスムーズに進むし、「わたし」の意見だということがはっきりしているので、相手の立場を尊重する姿勢が伝わりやすくなります。**「あなたは言葉」は、その逆になります。つまり、子どもを責めるような形になります。

子どもの心の受け止め方⑤

親としてやれること

手の掛からない子どもの場合、親はついつい安心して見過ごすことが少なくありません。順風満帆《じゅんぷうまんぱん》できた子どもが、急に不登校になってしまうことは珍しい話ではありません。このような子どもに対して、親としてどんなことができるでしょうか？

子どもの話をじっくり聴いてあげる

このような子どもにも、親としてやれることがあります。**一番簡単で、しかも大切なことは、子どもの話をじっくりと聴いてあげることです**。しかし、思春期の子どもは、親に積極的に話をしてきません。親と話をするよりも友達と話をしている方が楽しいからです。ですから、無理に親から話を聴き出そうとする必要はないのです。

ただ、子どもは、ごくたまに親に話を聞いてほしいと思うことがあります。そういう時こそ、しっかり応えてあげるということです。**思春期の子どもが親に頼み事をし**

てくる場合は、よほどの事情があるからです。そういう時は、真剣に話を聴いてあげてほしいと思います。親が真剣に対応してあげると、親子関係が修復したり、よりいっそう緊密になったりすることがあります。

子どもは、親から良い子だと思われたい、愛されたいと願っています。しかし、親はこのような子どもの気持ちに気付いていないことが多く、思春期には子どものそのような努力は破綻しやすくなり、心は不安定になります。**思春期は親からの自立を考え始める時期でもありますが、まだ自分に自信が持てないので、子どもは大人の助け、指導、共感を求めています。**従って、親は子どもに自信を持たせる関わりをしていく必要があります。

子の後をついていくが指示をしない

もっと具体的なお話をしたいと思います。まずは、「**いちいち指示しない。無理に手を引っ張らない。背中を押さない**」ということです。子どもが立ち止まったら、親も立ち止まる。**子どもが歩き出したら、親も後をついていく。**子どもの前に立って、あっちへ行け、こっちへ行けと、**いちいち指示をしないこと**です。子どもが立ち止まったりすると、親はついつい焦って先回りをしがちです。早く歩けと説教したり、いつまで止まっているのかと叱ったりします。ちゃんと歩き出すまで待ってあげられますか？

子どもの後についていくということは、突き放すということではありません。たとえ親が言葉で突き放すようなことを言ったとしても、やはり心配だから子どもの後をついていきます。**もし子どもが不安になって後を振り返ったら、そこにはちゃんと親がいて、「大丈夫だよ」とうなずいてくれる、**そういう関係がいいですね。ただし、崖《がけ》っぷちに向かって行く子どもに対して、本当に危ない時には、きちんと止めたり、アドバイスを与えたりする必要があります。

「なるようにしか」と肩の力を抜く

子どもが思春期になるまで、とりあえず餓死もさせず、何とかここまで育てて来られたわけですから、それだけでも大変なことです。赤ちゃんの時からここまで育てるには、大変なエネルギーと時間が必要だったと思います。勉強が嫌いな子どもに「勉強を好きになれ」と言っても、そんなに変わるものではありません。

「こうなってしまったことは仕方がない、ここまできたからには、なるようにしかならない」と、いったん現実を認めてしまって肩の力を抜くことはできますか？　親が肩の力を抜くと親が楽になります。親が楽になると子どもも楽になります。そうすると、張りつめていた家庭の雰囲気が次第に柔らかくなって、笑いが出てきます。親も子どもも、外ではいろいろと気を遣って疲れて帰ってきます。せめて家庭だけでも、ほっとしたいと思いませんか？

子どもの心の受け止め方⑥

親子の効果的なコミュニケーション

思春期の子どもと親の間には、いろいろな種類のコミュニケーションがあります。理解しているつもりでいたのに実は分かっていなかったり、お互いに何を考えているのかよく分からないけど、不思議と信頼感があったり、親と子どもの間に取り交わされるコミュニケーションは千差万別であると思われます。

壁としての親の役割

思春期は、別名「反抗期」と呼ばれるように、親や周りの大人に対して、今までなかったような反抗を示すことがあります。反抗にもメッセージが込められていますが、親からはっきりと「だめだ」と言ってもらって、止めてほしいと思って激しいものをぶつけてくる時もあります。**思春期の子どもは、自分の中に湧き上がってくる激しい感情をまだうまくコントロールできないところ**があります。

こんな時、いったい親は何をすればいいのでしょうか？　こんな時は、親は子どもに対して、しっかりと壁になることが必要です。「壁になる」とは、どういうことでしょうか？　これは、**子どもが親に対してぶつかってきた時に、「ここは譲れない」と判断したところでは、信念をもって道を譲らないということ**です。譲れるか譲れないかはケースバイケースですが、親が適切に子どもの壁になれた場合は、子どもはその壁としての親に同一化できるようになります、

つまり、子どもは、**自分ではコントロールできない激しい感情にしっかりと立ち向かってくれる親を自分の中に取り入れること（同一化）によって、今度は自分でその**

激しい感情をコントロールできるようになっていきます。ところが、逆にその激しい感情に親が妥協して譲ってしまうと、子どもは激しい感情に負けてしまった親に同一化してしまって、いつまでも自分の中の激しい感情をコントロールできないままになってしまうのです。したがって、思春期の子どもが自分をコントロールできるようになるうえで、壁としての親の役割というものが重要になってくるわけです。

ある息子さんは、お母さんが自分の顔色ばかりを見ていることに不満を抱いています。加えて、すぐにカッとなって怒ってしまう自分にも不満を抱いています。ここまで冷静に自分のことを客観視していることは、本当に素晴らしいことだと思います。したがって、体が大きくて怖いかもしれませんが、筋が通っていることならば、お母さんの思うことを冷静に伝えても大丈夫です。

自分のことを理解してほしい

思春期の子どもは、自分が理解されていないと感じる時にも反抗してくることがあります。反抗という形でしか、自分が理解されていないことを訴えられない子どももいます。こういう子どもたちは、自分が理解されているという気持ちを体験できると随分と変わってきます。突っ張る子どもたちは、本当は人に理解されたり、愛情を向けられたりすることを望んでいますが、それが満たされないために反抗するという面もあります。

人は、誰でも「自分のことを理解してほしい」という気持ちを持っています。特に思春期の子どもは、心理的に大きな揺れを体験する時期でもあり、**「自分のことを理解してほしい」という気持ちは人一倍強くなっている**と言っても過言ではありません。ところが、それが反抗期と重なるために、大人に対しては一見コミュニケーションを拒否しているように見えます。

それでは、「自分が理解された」と感じられるようなコミュニケーションとはどのようなものでしょうか？ この場合、逆に**「理解されなかった」と思う時はどんな時かを考えてみるとよく分かります。それは、親が無理に元気づけようとしたり、説教しようとしたりする時に生じる**ものと思われます。とりわけ思春期は、大人がもう感じなくなってしまっていることを敏感に感じ取る時期で、大人には些細《ささい》なことに思われることを悩んだりします。

例えば、女子高校生に多いのですが、昼休みに一緒にお弁当を食べる相手がいないという悩みがあります。もちろん、一人でも平気で昼食をとる女の子もいないわけではありません。大人からすれば、「一人で食べればいい」「そんなこと気にしなくてもいい」とか、「どこかのグループに声を掛けてみたら」と簡単に考えてしまいがちですが、この時期の女の子にとって、一人でお弁当を食べるというのは、非常につらいことなんですね。

「くよくよするな」では余計に反発

すでに出来上がってしまっているグループに声を掛けるというのも、なかなかしんどいことなんでしょうね。そんな時に、「そんなことでくよくよするな」「気にするな」「頑張れ」という言葉掛けをすると、余計に彼らを反発させることになります。それでは、いったいどうしたらいいのでしょうか？　**悩んでいる子どもたちに対して一番いい方法は、子どもの話をしっかり「聴いてあげる」ということ**なのです。

「気にするな」と片付けてしまうのではなく、**何をどういうふうに悩んでいるかをしっかり聴いてあげる**ことが大切です。そうすると、子どもは「自分が理解された」と感じ、親の側から「頑張れ」などと言わなくても、子どもの心の中から何とか頑張っていこうという気持ちが自然に出てくることが多いものです。

なぜならば、親はそれなりのエネルギーを使うわけですが、**話を聴いてあげることによって、子どもは自分の中にあるエネルギーを取り戻す**のです。口だけで「頑張れ」というのは簡単なことで、エネルギーを使う必要もないのです。それに対して、**子どもの話を真剣に聴くことは、結構しんどくて疲れることですが、子どもの心に確実に訴える**わけです。それから、親の方では子どものことをちゃんと理解してあげていると思っていても、本当は分かっていない場合もあります。

親もできないことを子に要求しても…

親と子どものコミュニケーションがうまくいかない他の例として、親が自分にできていないことを子どもに要求してしまっている場合があります。不思議なことに、親は自分ができていないことに限って、子どもに強く要求することがあります。例えば、**親が引っ込み思案でなかなか人とコミュニケーションがとれないという場合、そういう部分を受け入れることができていない親が、自分の子どもに同じような引っ込み思案のところを見つけた場合に、無性にイライラすることがあります。**

そして、そういう性格を直すように子どもに強く迫ってしまうのです。つまり、自分の引っ込み思案な部分を受け入れられないのと同じように、子どものそういう部分も受け入れることができないのです。ところが、子どもは親の言葉だけで変わることはできません。子どもは、親との同一化によって成長する部分が多いと言われます。

したがって、**親にできていないことを、子どもができるようになるのはなかなか難しい**といえます。とは言うものの、世の中うまくできたもので、親に似ても似つかぬしっかりした子どももいますよね。これは、親を反面教師としてそうなったということでしょうか？

❸ 子どもの褒め方・叱り方

子どもを育てる時には、確固たる信念、筋の通った考え方を持って当たることが大切ですが、実際はその通りにいかないことが多いものです。長年、教育相談の仕事に携《たずさ》わっていますと、全ての世代の子どもを持つお母さんに共通する悩みごととして、子どもをどう叱ったらいいのか、つまり叱り方に関して頭を悩ませている親御さんが多いことに驚きます。

子どもの褒め方・叱り方①

叱ること・褒めることは子育ての哲学

「子どものことを思うからこそ、甘やかしたくない。いけないことをした時には、ちゃんと叱れる親でいたい」という言葉からは、親としての愛情と責任感、真剣さが切々と伝わってきます。子どもの叱り方やしつけなどについては、本当にさまざまな意見や考え方があり、たった一つの解答はないと思います。また、良しとされる方法も時代によって違いがあります。

「こうしましょう」と勧める情報はたくさんあるのに、実際にその通りにやってみても、今一つ「その通り！」と納得できる叱り方にはなりません。このように悩んでおられる方が多いのではないでしょうか？ 子どもを虐待死させた親が「しつけのつもりだった」と言い訳するほど、**しつけと虐待は紙一重**です。それは、「**叱ることが**

しつけになる」**と誤解しているところ**から始まります。

そもそもしつけとは何でしょうか？　しつけとは、「子どもが自立して幸せに生きることができるように、**基本的な生活習慣や社会的マナーを親が子どもに伝える行為**」ではないでしょうか。親としては、しつけとは何であるかを、親自身が定義することから始まります。

漠然とした理想から外れると子に怒り

ところが、ほとんどの場合、親としての明確な定義を持っていない人が多いのではないでしょうか。ただ**漠然とした理想の子ども像を持っていて、それに沿って思い通りにならないと、子どもに怒りをぶつけているだけ**なのかもしれません。中には、「いえ、私は子どもに大した理想を持っていません。元気に育ってくれれば、それで十分です」という人がいます。

本当にそうでしょうか?私たちの子どもに対する期待は無意識です。無意識だからこそ、自分が期待していることにすら気付いていません。そして、無意識の期待通りに子どもがやっていないと、「しつけ」と称して小言を言うわけです。親が持っている理想の子ども像とは何なのか、今一度よく考えてみる必要があります。

褒めることを動機づけの基本として使う親は、子どもの中に褒められて動く種を植えています。この種を植えられた子どもは、褒められて動くようになります。叱られて動く種を植える親もいます。その子どもは、叱られると動くようになります。叱らないと動かないから叱るのではなく、親が叱って動かす種を植えたから、子どもはそうしているだけなのです。

子どもの動機づけに、物を与えることもあるでしょう。手伝ってくれたからお小遣いをあげる、お菓子をあげる。お小遣いもお菓子も、お手伝いをした結果、たまたま降って湧いたご褒美のはずです。それを動機づけの道具に使いますと、いずれ子どもは、お小遣いをもらうためにお手伝いをするようになります。お小遣いをもらえないとやらない、また、やってもお小遣いがもらえないと腹を立てるようになります。

褒める子育てに頼っていると…

褒めることも叱ることも、物やお金を与えることも、全て外からの働きかけで、外から子どもをその気にしようとする行為です。これを外発的動機づけといいます。本

当のやる気というのは、外からの働きかけでは出てきません。ボランティア活動のように、本当のやる気は、子ども自身の中から湧いてくるものです。これが内発的動機づけです。

子どもが幼いうちに、子どもの中に子ども自身の中から湧き出る、やる気の種を植えることができます。そのやる気の種は、「人の役に立つ喜び」です。この動機づけの種を植えることで、子どもは健全なやる気を保つことができます。また、この動機づけで動くことができれば、私たちは大きな充実感を体験することができます。

褒め言葉を行動を起こす動機づけにしてしまうと、子どもは褒めてもらうために行動を起こすようになり、褒めてくれる人がいないところでは、やる気が出てきません。あるいは、やったのに褒めてもらえないと一人で傷つき、前進する気力を失います。

褒める子育てに頼っていると、子どもの中に本来の自己肯定感を育てるのは難しいのではないでしょうか。本来の「自分はこれだ」「この自分が好き」という無条件の存在肯定ではなく、他人がどう思うかによって自分の価値を決める、自信のない人間に育ってしまいます。

褒めてもらえるかどうか気になって、不安や緊張に縛られた毎日を生きることにもなりかねません。大きくなっても常に自分を褒めてくれる人を求め、褒めてもらわないと自分が大丈夫なのかどうかを自分で決められない、不安定な心の持ち主になってしまう可能性もあります。それでは、子どもをやる気にさせるために叱るというのはどうなのでしょうか？　叱られたり、脅されたりした子どもは、その不安を解消するために親の言う通りに行動します。いったいどうしたらいいのでしょうか？

子どもの褒め方・叱り方②

子どもをどう見るかという視点

子どもの年齢や発達によっても違いますが、**子どもを本当に力のある素晴らしい存在と見るか、あるいは本当に無力で、放っておくと自分自身では生きられないし、悪い方向に進んでしまう、そんな力のない存在だととらえるか。**皆さんは、いかがでしょうか？

前者、つまり「子どもは素晴らしい力を持っている」という見方に立ちますと、「子どもを信頼して任せよう。できたことは、喜んであげよう」ということになります。

逆にうまくいかないことがあると、「まだその力がうまく出ていないのだから、子どもに任せて、子どもの自主性を尊重しよう」ということになるはずです。

後者、つまり「子どもは無力で自分では何もできない。放っておくと、とんでもない方向に行くものである」というふうに見れば、「厳しく叱ってしつけて導いてやらないとロクなものにならない」となってしまいます。これは、明らかに対応の仕方が異なるわけですね。

「褒める」というのは、子どもをどう見るかということが基本になります。「叱る」というのも、やはりこうした見方が基本になります。その背景には、子どもがどうあるかではなく、私たち大人が子どものことをどう見ているかということが、一番大きく関わっているわけです。皆さんは、褒めることと叱ること、この二つの間を振り子のように揺れながら子育てをされてきた、あるいはされているのではないでしょうか。

思春期というのは、心と体の発達がアンバランスな時期です。ですから、子どもが、ある時は大人のように振る舞ったり、ある時は子どものように振る舞ったりなど、親としてどのように扱ったらいいのか分からなくなってしまうことがあります。時と場合により、子どもも振り子のように揺れることがあり、全く一貫性がないように、あるいは優柔不断《ゆうじゅうふだん》のように見えますが、どちらも真実なのです。こうした状態に振り回されないように、思春期の子どもの心を理解しておく必要があるわけです。

子どもの褒め方・叱り方③

短所を克服するか、長所を伸ばすか

「マイナス面や短所を克服させることが、子どもの成長や発達につながる」という見方をとる人もいれば、「子どもの持って生まれた長所をどんどん伸ばしてやることが、子どもの成長・発達につながる」という見方をとる人もいます。これまでの教育は、「できないところ、不得意なところについて、時間をかけて努力して頑張って克服すれば立派な人間になれる」という考え方が根底にあったのではないでしょうか。

私たちは、マイナス面とか欠点とかを小さい頃から持っていても、未だに改善されていない部分も結構あるのではないかと思われます。**短所というのは、時間をかけてエネルギーをかけて努力しても、なかなか改善されない**ものだということです。長所を伸ばすことを考える時には、自分自身の考え方、子育ての基本的な考え方を整理する必要があります。マイナス面は多少あっても、本人が持って生まれた得意な面でうまくやれるところを、時間とエネルギーをかけてどんどん伸ばしてあげることが大切だと思います。

子どもの褒め方・叱り方④

子どもの褒め方の大事な5ポイント

子どもを褒めることは、子どもの自己肯定感を高めるために有効な方法ではありますが、むやみに褒めればいいというわけではありません。褒められることに慣れてしまって、逆効果になることさえあります。褒めるタイミング、褒める内容、褒める量や質などの工夫が必要です。そのことで、子どもの反応が大きく異なってきます。褒め方には5つの大事なポイントがあります。

今ここで、すぐに、素直に、適切に行う

「この先、こうすれば褒めてあげよう」とか「今から1週間こんなことがあったら」

など、今ここにないものを取り上げるのではなく、今ここで起こっていることを取り上げるということです。褒めるタイミングは早いほどいいということ、こちらの気持ちを素直に伝えることが大切です。

「どんなふうに褒めたら、この子どもに効果があるだろうか」などと考えないで、**褒めてあげようという気持ちが少しでも出てきたら、その気持ちを伝えることが大切**です。ただし、子どもが感じているのとは違うところで、褒め言葉を掛けるのは控えた方がいいですね。つまり、ピントの外れた褒め方ではなくて、本人がそうだという実感があるところを褒めていくことです。

そっくり認める、しっかり受け止める

目の前にいる子どものことをそっくり認めて、「私は、あなたに対して興味・関心を持っているし、あなたがいることが嬉しい。もっと話がしたい」というメッセージを伝えるわけです。褒めるということは、子どもの存在を認めるということです。

具体的には、「**あなたが感じていることを、私もしっかり感じているよ**」**と伝えること**です。子どもが、今ここで感じていること、喜んだり、満足したり、何かやり遂

げたりという達成感、こうしたことをしっかりと受け止めてあげることです。子どもの中でも、「やれた！できた！」という喜びがあり、それを誰かにしっかり共有してもらうことによって、実感のある、手応えのあるものになります。

失敗や欠点をどう褒めるか

失敗したこと、欠点、マイナス面、こんなことをどうして褒められるのかという疑問があろうかと思います。しかし、失敗とか欠点の中でも、本人なりに頑張ったことがあるわけです。例えば、不登校の子どもたちに多いのですが、「学校へ行かなければならないことはよく分かっているけど、なかなか身体が動かない」というのがあります。

確かに学校に行けなかったことは事実ですが、「行けなかったけど、自分なりに頑張ったんだねえ」という気持ちを伝えると、子どもは自分のつらい気持ちを受け止めてもらえたと感じます。そして、またチャレンジしてみようかなという気持ちになります。

子どもがテストで芳《かんば》しくない成績をとったという時に、「自分なりに頑張ったつもりなんやけど…」と子どもが話した場合、どういう返答をされるでしょうか？「つもりでは駄目なんや。ちゃんと結果を出さないと駄目なんや」と答えたらどうなるでしょうか？「頑張ろうと思って、自分なりに努力したのに、親は自分の気持ちを認めてくれない」ということになります。

外から褒めず、内から褒める

子どもがテストでいい成績をとってきた時、「よく頑張ったね。次も頑張れよ」ということをよく言います。これは決して駄目とは言いませんが、**子ども自身の口から「そうや、次も頑張ろうかなぁ」ということを言った時に、「そうか、次も頑張るか」と返した場合のほうが、より頑張ろうという気持ちになれる**と思います。

同じように見えますが、**子ども自身の内側から出てきた言葉の方が重みがあるし、それによって子どもは自分で内側から動こうとします。**本人がやれたとか、できたとか、これは自分の力でそうなったということをしっかりと感じとらせてあげることなのです。

本人の中でも漠然としているかもしれないところを、しっかりと実感にまで高めてあげることです。これによって、子どもたちは、さらに「自分にもできる」という有能感や自信を強める方向に動いていきます。自分の中で、「やればできる」ということを認めてこそ自信につながります。

質より量を重視する

なかなか実行できないかもしれませんが、「子どもが何かいいことをしたら、まとめて褒めてあげよう」と待っているよりは、どんなことでもいいから気が付いたら褒めてあげることが大切です。子どもの性格によっても違いますが、親も子どもも共に喜べるようなことをした時だけに褒めるというのではなくて、ちょっとしたことでもタイミングを逃さず褒めてあげることです。

親の目から見ると満足できるものではないにしても、「やった。できた。**満足感がある。達成感がある**」など、**子どもにそのような気配が感じられたら、すかさずそれを褒めてあげる**といいですね。ただし、ほめ殺しとか、わざとらしい褒め方は避けた方がいいと思います。まとめて褒めるのではなく、タイミングを大切にすること、そして、親の気付きよりも子ども自身の気配を大切にすることです。

子どもの叱り方で大事なこと

やみくもに子どもを叱ることは、かえって逆効果になることさえあります。叱ることと怒ることは別物であるにもかかわらず、混同してしまうことはよくあることです。怒ることは、自己本位で感情をあらわにすることであり、子どものためを思ってというよりは、親の感情を優先しますので、子どもの心には響きません。また、褒めることと同様、叱る内容、タイミング、量と質の工夫が必要です。

物分かりのよい親を演ずる危険

まず、「物分かりの良い親のつもりに注意する」ことが大事です。**「私は、子どものことをよく分かっているつもり」という親ほど、実際には子どものことがよく分かっていなかったりします。**子どもに対して、物分かりの良い親であろうとしすぎたり、友達のような仲のいい関係であろうとしすぎたりすると、ついつい叱らない・叱れない関係になってしまう傾向があります。こういう関係が長い間続くと、子どものことがよく分かっているつもりになります。

ところが、思春期にさしかかりますと、たいていの子どもは親から自立しようとするので、親から離れていきます。そうすると、親子のコミュニケーションが少なくなっていきます。コミュニケーションが少なくなっているにもかかわらず、**仲のいい親であろうとしますが、実際は無理解のまま過ごしているということがよくあります。**

思春期に入ると、子どもは自分の意見を主張するようになります。子どもは、親の考え方や意見と違うことに気付き始めています。物分かりの良い親であろうとすると、子どもから反発されたり、子どもと意見が食い違って対立したりすることを避けようとします。その結果、子どもの要求をしぶしぶ受け入れることになってしまいます。子どものことは気にしていますが、見て見ぬふりをして「自分は、親としては物分かりがいい方だ」などと自己満足していたりします。

子どもの言い分をよく聞きながら、親子関係で意見が対立するとか、時には親子げんかをすることも、とても大切なコミュニケーションであり、子どものことを知る絶好のチャンスだといえます。ところが、**物分かりの良い親を演じすぎると、子どもと**

の距離がますます離れていってしまい、気付いた時には後悔したりすることがよくあるわけです。

いつも叱ってばかりになるのは

あるお母さんから、「いつも子どもを叱ってばかりなので、ストレスが溜まるいっぽうです。本当は叱りたくないのですが、叱らざるをえません。子どもの方も叱られっぱなしでおもしろくないと思います。もしかしたら、こんな子どもが学校でいじめの加害者になるのかもしれませんね。どうしたらいいのでしょうねえ」と、嘆きとも相談ともいえるお話を聞きました。

いろいろ詳しく聞いてみると、親子共に多忙な生活を送っておられるようでした。子どもは部活動と学習塾の掛け持ちをしているし、お母さんはご主人と離婚し、一家を支えるためにパートのお仕事に出られて、二人の子どもを育てておられるとのこと。お互いに多忙な生活の中で、ゆとりがない毎日の生活を送っていかなければならない状況です。

親子共に不満とイライラの連続で、「間に合わないから、早くしなさい。ちゃんとしなさい。何度言ったら分かるの？　本当にしょうがない子ね。お母さんは忙しいのよ。お母さんの身にもなってよ」などと言い続けているわけです。結局行きつくところは、「私が言わないと、この子は動かない。この子を動かすためには、私がずっと言い続けないと駄目だ」ということです。

最初から叱り言葉を乱発しているわけです。でも、これは本当に叱り言葉なのでしょうか？　叱り言葉ではなく、駆り立てる言葉ですよね。お母さんは、こういう言葉を出していく動機づけがもうすでに出来上がっているわけです。**いつも叱ってばかりというのは、ひょっとしたら忙しすぎて、自分自身を振り返る余裕がない時に起こるのかもしれませんね。**

子どもの褒め方・叱り方⑥

こんな叱り方は百害あって一利なし

心理療法やカウンセリングの中で、交流分析という立場がありますが、こじれた人間関係のことを交流分析では「ゲーム」といいます。ここでは、救済者、迫害者、犠牲者という観点から、「ドラマの三角形」というのをご紹介します。

「ドラマの三角形」で悪循環を繰り返す

子どもに勉強を教える場面です。「宿題を手伝ってあげよう」と、**子どもに対して援助をしてあげる〝救済者〟で関わり出すと**、そのままでは済まなくなります。最初は救済者であったお母さんが、そのうち子どものあら探しを始めます。「さっきも間違えたのに、また間違えて」とか、「ちゃんとよく読みなさい」とか、プラスのことは言わず、ちょっとしたマイナスのところを取り上げては、ガミガミと言い出します。

子どもが嫌がったりすると、「1時間ぐらい、どうしてじっとできないの? 本当にあんたは根性がないね」と言って、子どもをいびり始めます。救済者の役割からコロッと入れ替わって、**鬼のように怖いお母さん、つまり〝迫害者〟に変身**してしまいます。

そこで、またドラマが起こるわけです。

「もう知らない。勝手にしなさい。テストが駄目でも知らんからね」とか、「このままだと高校にも行けないからね」とか、とんでもないことを言って、さらに迫害に拍車がかかります。その後どうするかというと、自分自身が**あたかも〝犠牲者〟**のように、「どうして私はこんな嫌な思いをせんと駄目なんだろう? 私は、この子のためにこんなつらい思いをしている。この子のために、一生苦労しなければならないのだろうか?」と思ったりします。

一方、子どもに言ってしまったことを反省して、「お母さんの言い方が悪かったね。ごめんね」と子どもに謝り、「どうして私はこんなことを言ってしまったのだろうか」と、自分を責めるお母さんもいます。いずれにしても、「自分は何か被害を受けたり、嫌な思いをしたりする犠牲者だ。こんな気持ちになるくらいだったら、もう勉強なんか教えるのはやめよう」とか、「勉強を教えることで親子のコミュニケーションが壊れるんだったら、こんなことはやめよう」とか、「**子どもの勉強なんか一切見ない**」**というふうに決意しますが、2、3日するとまた忘れてしまいます。**

自己主張する子どもだったら、「お母さんに勉強なんか教えてもらったら、とんでもない目に遭わされる。だから、**もう二度とお母さんに勉強なんか教えてもらわない**」と言うかもしれません。自己主張できる子どもならまだいいのですが、できない子どもはお母さんに気を遣います。あるいは、お母さんが怖いから結局ドラマが続くわけです。

こんなことを何年もやり続けるわけです。さすが中学生にもなると、親子の断絶が始まります。こういうドラマの三角形というのは、実は子どもとの関係だけでなくて、いろいろな人との関係の中でもあるわけです。**これは、どこかで断ち切った方がよいのでしょうね。**

あらさがしをする

今、そこでそのことを叱るのではなく、この際にいろんなことを引っ張り出して並べるということはありませんか? うまくできていることがあるのに、うまくできていないところを見つけてゴチャゴチャと言うことはありませんか?

例えば、「部屋の後片付けをしなさい」と子どもに言ったとします。子どもは一生懸命片付けているにもかかわらず、わざわざそれを見に行って「**まだここができてないよ。あそこができてないよ**」**などと注文をつけます**。子どもが何かをちゃんとできた場合でも、次から次と要求水準が高まり、「うまくできたね!」という受け止め方を忘れてしまうんですね。こういうのは止めた方がいいかもしれません。

できているところまで否定する

子どもがよくできたところを褒め、できなかったところを指摘することが素直にできればいいのですが、**できないところを強く見てしまうと、できているところまで否定することがあります。**

よくあるのは**テストで、例えば「どうしてここができなかったの？」**「こんなところもきちんとできていないのに、他のところができるはずはないだろ！」と子どもを責め立てるわけですが、これに対して子どもは、「ここはできなかったけど、他のところはちゃんとできているのに」と答えます。親は「そんなの、たまたま偶然でしょ」と答えてしまう。これでは子どもはやり切れません。ここはできたことをちゃんと評価してあげましょう。

言い過ぎる

子どもに言い過ぎると、かえって変わらなくなるということがあります。学校に行かない子どもに「学校に行きなさい」とか、勉強しない子どもに「もっと勉強しなさい」など、**言えば変わるだろうと信じています**。変わらないのは、言い方が足りないからだと思っているわけです。

だから、変わるまで言い続けます。言い続けて変わることもあるでしょうが、それを言ったから変わったのではなく、もともと子どもが変わろうとしたところに、たまたま重なっただけかもしれませんね。ですから、必ずしも自分の言葉で変えたのではないということを認識しておいた方がいいかと思います。

怒り続ける

どちらかというと日本人に多いと言われますが、例えば怒り続けている人は、「**怒り続ければ相手が変わるだろう**」という思い込みがあるようです。「お母さんがこんなに怒っているんだから、それに気付いてほしい」「あんたが変わるまで、私は怒り続けるよ」と、終始怒っていることがあります。

しかし、子どもはお母さんの気持ちに反して、「まだ怒っているのかなあ?」という程度にしか思わないことが多いものです。悲しいかな、子どもとお母さんの認識にかなりの違いがあることに気付いていないのです。お母さんが、子どものことを叱っ

て、「そのうち、子どもは改心して悪い行いをしなくなるだろう。だから、そうなるまで口を利かない」と決め込むわけです。子どもにそのことを伝えないまま、子どもがそれに気付いて変わってくれるのではないかという、あまり効果のないことをやり続けるわけです。

「どうして」「勝手にしなさい」

まずは、叱り言葉で、「どうして」で始まる言葉です。「お前は、どうしてこんなことをするの?」とか、**「どうしてお母さんを困らせるの?」とか、こんな言い方はあまり効果がない**と思います。自分自身の気持ちと食い違った表現をするのも日本人に多いようです。

「どうしてこんなことをするの?」と言うのだったら、その言葉の前に「これはしてはいけないことなんだ」とか、**「お母さんは、こうしてほしくなかったんだ」と言った方が、よっぽど自分自身の気持ちをストレートに伝える**ことになります。

「お母さんはもう知らない」とか、「勝手にしなさい」ということをよく言いますが、「お母さんは、家を出ていきます」というのもあります。実際に子どもに聞いてみると、子どもの方も心得ているようで、「そのうち帰ってくるだろうけど、探しにいかないと気を悪くするから行くか」などと、きょうだいそろって探しに行くというのもあります。

日本では、絆や結びつきをとても大事にしながら子育てをしていく傾向があります。子どもたちが自立していく年頃になると、後ろから支えるようにもっていきます。私たちは、こういう文化の中で子育てをしているわけなので、この絆をスパッと切るような言葉は避けた方がいいと思われます。

子どもの褒め方・叱り方⑦

褒め方・叱り方を効果的にするための9点

褒め方・叱り方を効果的にする方法なんてあるのかと疑問に思われる方はいるかもしれませんが、実はこれまで皆さんが無意識に工夫・実践されてきたことに気付いていないだけです。今から挙げる9つのポイントで、皆さんが実践されてきたことをあらためて整理してみたいと思います。

安心して叱れる信頼関係が大切

子どもを叱る時には、感情に任せて自己本位で怒るのではなく、安心して叱れるかどうかということが大切です。つまり、叱ることができるためには、**子どもとの間に落ち着いた、ゆったりとした安定した関係が、すでにあるかどうか**ということがとても大事なことなのです。

例えば、親と子ども、あるいは学校の先生と子どもとの関係においても、子どもとの信頼関係がしっかり出来上がっている時に、「いけないよ」という叱り言葉がとても生きてきます。結局、安定した関係がある場合にこそ、叱るということが意味を持ってくるのです。それには「安心して叱れるかどうか」が一番大きな決め手になると思われます。

カッと感情に任せて言っている時は、叱っている言葉そのものが、相手を傷つけたりしていることがあります。自分が安心してゆったりとした気持ちになれるまで、待つ方がいいと思います。「そんな暇なんかない」と言われるかもしれませんが、だからこそ、暇がない時、忙しい時、余裕がない時には、むやみな言葉掛けは避けた方がいいと思います。

余裕がない時には、子どもを傷つける言葉しか出していないことが多いものです。忙しい時間の中で、子どもを駆り立てる言葉しか掛けていないのかもしれません。自分では子どもを叱っているというふうに思い込んでいるようですが、ここのところに気付くことが大切だと思います。

いろいろ工夫する

言っても駄目だったら、言い方を変えてみる、あるいは言わないでいるとか、子どもがどんな気持ちでいるのか、少し子どもの気持ちを聞いてみようかとか、子どもとのコミュニケーションをもっとしてみようとか、いろいろ工夫していただきたいのです。

子どものすることが気になって、「何でこんなことばかりするの？」というふうに言うのだったら、「どんな気持ちでこれをやっているのかな」とか、**「私も同じようなことをやってみようかな」など、実際にやってみると、子どもの気持ちが分かってきたりします。**

そして、「まあ、こんなこともあるだろうから、そのうちうまくいくだろう」というふうに思ってやっていただくのが一番いいと思います。うまくやれたら自分を褒める、うまくいかなかったら、自分を責めないでしばらくそっとしておけばいいかと思います。

一つの言葉に一つのメッセージを添える

「そんなにゲームばっかりしているんだったら、今日は夕ご飯なしよ！」と子どもを叱った時に、「ずるーい！おなかすいたよ」などと、叱っていることとは関係がないことに反応してきます。こういうことは、大人同士でも夫婦でも当然あります。**「あなた、これ以上お酒を飲み続けるんだったら、もう別れます！」**などと、奥さんが怒りをあらわにすると、旦那が「ああ、いつでも別れてやるさ！」なんて答えると、話が思わぬ方向に展開する場合があります。**このような叱り方は、コミュニケーションを難しくします。なぜならば、この言葉には幾つかのメッセージが含まれているから**です。

前者、つまりゲームの話ですと、「ゲームばっかりしないで勉強もしなさい」という忠告メッセージ、「もうすぐご飯だからゲームはもうおしまいにして」という催促メッセージ、「いい加減にゲームなんかやめてしまえ」という怒りのメッセージかもしれませんね。

後者、つまりお酒の話ですと、「身体のことが心配なので、お酒を控えてほしい」という思いやりメッセージ、あるいは「酒に溺れてしまった旦那に愛想が尽きて本当に別れたい」という通告のようなメッセージかもしれませんね。こうした**複数のメッセージを同時に投げてしまうと、どちらを受け取るかは相手次第**ということになります。

ゲームの話では、「ゲームは、ちゃんと時間を決めてやりなさい」とか、お酒の話では、「あなたの身体のことが心配だから、もう少しお酒を控えて下さい」などと、**シンプルに伝えた方が誤解を生まない**と思います。

ポジティブな言葉で伝える

「〜してはいけない」とか「〜できない」という否定的な言葉を使うことが多くありませんか？「**早くしないと遅刻するよ**」「**勉強しないといい高校に入れないよ**」な

どは、身に覚えはありませんか？子どもを注意する時は、子どもがしている行動を止めたい時、あるいは子どもがしている行動を変えたい時です。

この否定的な言葉の奥には、子どもを応援するポジティブな気持ちが込められているはずです。「学校には時間通りに行ってほしい」「いい成績をとってほしい」、どれも子どもを応援するポジティブな気持ちが込められているはずです。**使う言葉がネガティブなままでは、このポジティブな気持ちが子どもに伝わらないことが多い**ということです。「いいよ、遅刻でも。慣れっこだし」あるいは「俺なんて、どうせバカだもん」などと、否定的な気持ちを受け取ってしまうことがよくあります。

「**早く学校に行ったら、友達ともゆっくり話ができるよ**」とか、「**よく勉強したらいい高校に入れるよ**」などと、ポジティブな気持ちは、ポジティブな言葉で表した方がストレートに伝わります。同じことを教えていても、使う言葉によって伝わり方が大きく違ってきます。そして、その伝わり方の違いは、子どものやる気の違いになります。

相手を守りながら、逃げ道を作ってあげて叱る

別の言葉で表現すると、**共感しながら叱るという方法です。「お父さんも、中学生**

の頃、よく宿題忘れたなあ。お前もそうなんだろうなあ」と共感するわけです。すると子どもは、「そうだよ、よく忘れるんだよ」と返ってきます。「だよなあ。でも、やらなきゃならないことはよく分かっているんだよな。お父さんの場合、こうやったら宿題ができたよ」などと、アドバイスの形で叱ると、子どもは「いいこと聞いたなあ」という感じで受け止めてくれます。

きっぱりした言い方で十分伝わる

子どものことを思って真剣に叱ることは大切です。とりわけ、**人の命に関わるようなことは、それこそ親は命がけで叱る必要があります。**親がブレずに規範をしっかり示すことは、とても大切なことだと思います。

ただ、厳しくしつけようと思うと、往々にして子どもの気持ちを無視した頭ごなしの非難や否定が増えてしまうのも事実です。**大声を上げたり、時には叩いたりして従わせることを続けていますと、子どもはいつの間にか「手の掛からない、いい子」になっている**場合があります。

もしそうだとしたら、**後々心配な症状や行動（不登校や引きこもりなど）を出して**

くる可能性があります。相手を思いやり、正しい行動に向かわせることです。大声を出したり、叩いたりするなど、そのように厳しくしなくても、きっぱりとした言い方、あるいは褒める関わりで子どもの心に十分響きます。

「ありがとう」は最高の褒め言葉

思春期の子どもでも、間違いなくスッと入る褒め言葉があります。それは、「ありがとう」です。ひどい反抗期の子どもでも、たとえ非行に走ったような子どもでも、確実に伝わる言葉です。

例えば、「よく頑張ったな」という褒め方をされて、「別に」「大して頑張ってないし」と言うような子どもでも、「ありがとう」と言われて、すねたり、機嫌が悪くなったりする子どもはまずいません。褒めるというのは、そのこと自体、どこかで上下関係を前提にしているからです。上が下を評価する、「褒めてあげる」という感覚です。するとも、褒められたということは、上から評価されたことになります。いわゆる「上から目線」です。そういう態度をされることが、思春期に近づくにつれてイライラしてくるのです。しかし、感謝の言葉でもある「ありがとう」は、同じ人間として対等です。

「生意気で、なかなか褒められない」「褒めても、わざとらしくなってしまう」という場合があるかと思います。しかし、子どもが家族のために何かをしてくれたとか、たまたま早く起きてきた時などに、「**お母さん、ちょっと出かける用事があったので、あなたが早く起きてくれて助かったわ。ありがとう**」と、声を掛けます。そうすると、意外なほど、スッと伝わっていくと思います。

叱った後は必ず仲直りを

叱ることと同じくらい大切なのが、叱った後の対応です。**叱った後にどういう対応を取るかで、叱った内容が聞き入れられるかどうかが変わってきます**。叱られた後の子どもは、多少の気まずさを抱えています。もし叱られた後もその気持ちをずっと引きずっていたとしたら、叱られた事実を聞き入れることはあまり期待できないかもしれません。

叱った後、親子の関係が気まずいままですと、叱った後も子どもはあまり変わりません。しかし、叱った後にいい関係を築けると、子どもが同じことを繰り返してしまうことが少なくなるということです。そのため、叱った後にいい関係に戻すこと、簡単に言うと**仲直りをすることが大切**になってきます。つまり、**叱ることと仲直りすることはセット**であるということです。

褒めるのが難しい時はストーリーを聞く

褒めるというのは承認の一つですが、承認というのは、褒めるだけでなくて認めるという意味もあります。「あなたがいてくれて本当に良かった」「あなたがいることが嬉しい」、そんな意味を持ちます。しかし、承認したいのだけれども、うまくできない時もあります。例えば、もう慣れてしまっている時です。

子どもが、とてもうまい絵を描いて見せてくれました。確かにうまいので、最初は心から褒めることができました。でも、何回も何回も同じようなことが続くと感動することに**慣れてしまって、何だかうまく褒められない**ことがあります。こんな時に、**うまく承認する方法があります。それは、ストーリーを聞くという方法**です。実は、とても簡単な方法なのです。「**どうやって描いたの？**」と、**たった一言いうだけ**です。

どうやってその絵を描いたのか、どうやってその点数を取ったのか、そこまでのストーリーを聞くわけです。見慣れてしまっている絵でも、「へえー、これどうやって描いたの？」と聞いてみて下さい。

そしたら、子どもは生き生きと説明をしてくれます。もしかしたら、もう一度描いてくれるかもしれません。さらに、「ああ、そうやって描いたんだぁ」と答えてあげて下さい。テストで90点を取った時も、「**今回の90点はどうやって取ったの？**」と聞いてみて下さい。

子どもは、結果を認めてもらいたいという気持ちも持っていますが、**そこに至るまでのプロセスも話したい、知ってもらいたい**と思っている子どもも多いのです。褒めにくい時、そこに至るまでのストーリーを聞くことで、子どもは承認されたと感じてくれますし、もしかすると、その後にも嬉しい変化が起きてくるかもしれません。

子どもの褒め方・叱り方⑧

アクセルとブレーキの使い分け

私たちは、さまざまなメッセージで自分自身を駆り立てています。一つ目は、「急がねばならない。早くしなければ時間がない」というように、自分自身を煽《あお》り立てるメッセージです。二つ目は、「完全でないとダメだ。ちゃんとしないとダメだ。最後までやり通さないとダメだ」というように、完全を求めるメッセージです。

三つ目は、「頑張れ、努力せよ」というように、とにかく自分を鞭打《むちう》って、頑張って努力するというメッセージです。四つ目は、「我慢せよ、辛抱せよ、無理をせよ」というもので、「こんなくらいで弱音を吐いたらダメだ」「これぐらいは辛抱しないとダメだ」というように、我慢して、辛抱して、無理をするというメッセージです。

五つ目は、「人の期待に応えようと、自分を殺してまで人に合わせる」というように、「人を喜ばせないとダメだ。人を悲しませたらダメだ」というメッセージです。「急げ」「完全であれ」「頑張れ」「我慢しろ」「人を喜ばせろ」という、このアクセルのようなメッセージはとても大事なことではありますが、車の運転に例えると、ブレーキをうまく踏むことも大事です。

人を喜ばせることも大事ですが、自分を喜ばせることはもっと大事です。我慢することも大事ですが、無理をしないことも大事です。完全を目指すことも大事ですが、もうここまできたら十分だと見極めることも大事です。頑張ることも大事ですが、とりわけ頑張らなくても事の成り行きに任せることも大事です。これがブレーキなのです。**アクセルとブレーキをうまく使い分けることが、人生をより楽しめるということになります。**

第3章

発達障害のある子どもの理解と支援

近年、発達障害について周知されるようになってきましたが、以前は発達障害の特性を持つ子どもは、「わがままな子ども」「落ち着きがない子ども」「変な子ども」などと、差別的な見方をされることがありました。

さらに、親のしつけなどに問題があるからこうなったなどと非難されることもありました。今は、こうした子どもたちに関わる工夫や研究が進み、そのような指摘は全く支持されていません。

思春期の子どもの問題を考える上で注意しておかなくてはいけないのは、不登校やひきこもりに陥る子どもの中には**発達障害が隠れている場合がある**ということです。

専門家でもない我々としては、ある程度の知識として知っておく必要があろうかと思います。

1 発達障害とは

大きく3つに分類される

発達障害は、行動や認知の特徴（特性）によって、主に**自閉スペクトラム症**（ASD）、**注意欠如・多動症**（ADHD）、**学習障害**（LD）の3つに大きく分類されます。この3つが重なっている場合もあります。

ASDは、主にコミュニケーションおよび相互関係の障害がみられます。例えば、「人の気持ちを理解するのが苦手。冗談や比喩（たとえ）が理解できない。興味のあることを一方的に話し続けてしまう。非言語的なサイン（表情や目配りなど）を読み取るのが難しい。日課・習慣の変化や予定の変更に弱い。特定の物事に強いこだわりがある」などです。その他の特性として、聴覚・視覚・触覚など、感覚の過敏性を伴うことがあります。

ADHDは、「物をなくすことや忘れ物が多い。人の話を一定時間集中して聞けない」

などの不注意、「予測や考えなしに行動してしまう。相手の話を待てない」などの衝動性、「じっとしていられない。動き回る。しゃべり過ぎる」などの多動がみられます。

ＬＤは、「読む」「書く」「計算する」などの特定分野の学習だけが極端に難しいなどの特性があります。

持ち味を引き出す支援

発達障害は普通の病気とは異なり、持って生まれた特性（個性とも言われます）ですので、本人の光る持ち味を引き出す指導・教育に力点が置かれます。思春期における発達障害は、学校での特別支援の一環として個別支援計画のもとでさまざまな支援が行われています。

国の取り組みとして、厚生労働省は、発達障害者支援のための体制整備や地域支援体制の整備、発達障害者への支援方法の開発や普及啓発活動、就労支援の推進などに取り組んでいます。一方、文部科学省は、発達障害等のある子どもたちの学びを支える「障害者活躍推進プラン」、厚生労働省と連携して「家庭と教育と福祉の連携プロジェクト」などに取り組んでいます。

「特異」から「得意」へ

金沢大学では、発達障害を「特異」から「得意」へというキャッチフレーズを掲げ、自閉症の子どもの社会性向上をめざした取り組みを進めています。その研究成果として、発達障害の子どもの脳の仕組みについて、世界初の新しい事実をいくつか発表しています。

発達障害の子どもを持つ親にとって、小児用MEG（脳磁図）という計測法を使った研究成果は、大きな希望であるといえます。小児用MEGは、子どもの身体に一切害を与えることなく検査ができます。さらに、母親のそばで検査することができ、検査にかかる時間も短かいため、子どもにとって非常に優しい検査方法となっています。これまで人の目に頼るしかなかった診断に、客観的なデータで補助できるメリットが大きいといえます。

特別支援教育の充実へ

発達障害者支援法（平成28年6月3日最終改正）において、発達障害とは「自閉症、アスペルガー症候群、その他の広汎性発達障害、学習障害、注意欠陥多動性障害、その他これに類する脳機能の障害であって、その症状が通常低年齢において発現するものとして政令で定めるもの」と定義されています。

発達障害の可能性のある児童生徒は、通常の学級を含め、全ての学校・学級に在籍していると考えられ、文部科学省では、こうした幼児・児童生徒への指導・支援のために、厚生労働省などと連携しながら、特別支援教育をさらに充実させようとしています。

原因は生まれつきで親の育て方ではない

発達障害の原因は、生まれつきの脳機能の障害であるとされています。脳機能の障害の原因は現在も不明ですが、いくつかの遺伝子が影響していると考えられており、現在も研究が進められています。過去には、発達障害の原因は、母親の愛情不足や教育の問題などと言われることもありましたが、母親の接し方が原因で発達障害に至るということはありません。

平成28年度の『特別支援教育資料』（文部科学省）によると、自閉症や情緒障害で特別支援学校に在籍している子どもは、小学校で約7万2千人、中学校で約10万人となっています。今日の学校（小・中・高校）においては、発達障害などの特別な支援が必要な児童生徒に対して、個別支援計画を立てて学校全体で支援しています。

2 名称変更とグループ分け

「発達障害」の名称変更とグループ分けについては、2013（平成25）年、アメリカ精神医学会が定める『精神疾患の診断と統計マニュアル（DSM―5）』が改訂され、その中で「発達障害」の名称と分類も変更されました。発達障害に関する診断名は、新旧で次のような分類になっています。

まず、発達障害は、「神経発達症候群」という名称に変更されていますが、このような名称はまだ浸透されていませんので、本書では、これまでのように「発達障害」という名称を使います。①「自閉スペクトラム症（ASD）」（旧アスペルガー症候群や自閉症などの広汎性発達障害）、②「注意欠如・多動症（ADHD）」（旧注意欠陥・

多動性障害）、③「限局性学習障害（ＳＬＤ）」（旧学習障害ＬＤ）、④「その他の発達障害（知的能力障害、コミュニケーション症群、運動症群など）」です。もちろん、この４つが重なり合っているケースもあり、きれいに分類できるものではありません。

それでは、発達障害に見られる３つの代表的グループの特徴・症状などをご紹介します。

〈１〉自閉スペクトラム症（ＡＳＤ）（旧アスペルガー症候群など）

ＡＳＤの特徴（診断基準）としては、次の３つがあげられます。この３つの特性は、「３つ組みの特性」ともいわれます。ＡＳＤの子どもには、３つの特性を持っていても、知的な遅れや言葉の遅れのない場合もあります。

①**人との関り方が苦手である**（**社会的なやり取りの障害**）。具体的には、「人と目を合わせない。名前を呼ばれても反応しない。相手や状況に合わせた行動が苦手である。自己主張が強く、一方的な行動が目立つ」などです。②**コミュニケーションがうまくとれない**（**コミュニケーションの障害**）。具体的には、「言葉の遅れ。言われた言葉をそのまま繰り返すオウム返し。例え話を理解することが苦手」などです。③**想像力が**

乏しい・こだわりがある（こだわり行動）。具体的には、「相手の表情から気持ちを読み取れない（空気が読めない）。言われたことを表面的に受け取りやすい。決まった順序や道順にこだわる。急に予定が変わるとパニックを起こす」などです。

〈２〉注意欠如・多動症（ＡＤＨＤ）

ＡＤＨＤは、**「不注意、多動性、衝動性が通常範囲を超えていて、その行動が生活上で支障をきたす状態になっている状況**をいいます。「不注意」としては、「モノをよくなくす。細かいことに気がつかない。忘れ物が多い。話し声や教室外の音が気になって集中できない。整理整頓が苦手」などが挙げられます。「多動性」としては、「じっとしていられない。授業中も席を立ってウロウロする。静かに遊んだり、読書をしたりすることが苦手。手や足をいつもいじっている」などが挙げられます。「衝動性」としては、「順番を待てない。列に割り込む。先生から当てられる前に答える。他の児童に干渉したり、邪魔をしたりする」などが挙げられます。

〈3〉限局性学習障害（SLD）（旧学習障害LD）

SLDとは、医療的な意味での障害ではなく、脳の認知機能のいずれかに不具合が生じたシステムの問題と考えられています。**基本的な特性は、知能全般は正常であっても、「読む」「聞く」「話す」「書く」「計算する」「推論する」といった6つの能力の一つ以上の修得や使用に障害がある状態を指します。**SLDの特性は、同じように表れるのではなく、一人一人異なります。また、他の発達障害と併存している場合もあります。

ASD、ADHD、SLDの「状態」は、発達障害がなくても、ある程度は誰にでも当てはまるものです。また、各状態（困難）が発達障害に起因するとは限らず、別の病気や障害に起因する可能性もあります。そのため、**素人判断で「自分（あの人）は発達障害に違いない」などと決めつけることは大変危険**です。これらの症状が疑われ、日常生活に困難を感じるようでしたら、医師の診断を受けるようにしてください。

発達障害の原因は、現代の科学では「よく分かっていない」というのが正直なところです。しかし、以前は親の育て方やストレスが原因であると誤解されることもありましたが、**「生まれつきの脳の機能障害」**であることは分かっています。**発達障害の特徴は乳幼児から現れる**ものであり、「大人になって発達障害になった」「思春期にいじめられて発達障害になった」というようなことはないと言われています。

必要に応じて適切なサポートを受ける

発達障害は、少なくとも現代の医学では治るものではないと言われています。発達障害は、障害ではなく「個性」であり、治す必要のないものという考え方もあります。ただし、**発達障害に起因する「苦労」があることは事実**です。子どもでも大人であっても、自分の発達障害の特徴を知り、必要に応じて適切なサポートを受けることで、障害や個性とうまく付き合っていけるようになります。

発達障害では、ＡＳＤ、ＡＤＨＤ、ＳＬＤなどが併発していることがあります。それらの見分けや診断は医師でも難しく、他の病気の診断名を付けられることもあります。発達障害と併発しやすい病気、間違えられやすい病気もあります。ただ、各病気、症状、状態によって必要な治療や対応は異なります。

そのため、「自分は発達障害である」などと自己判断で決めつけるのではなく、「もしかしたら他の原因かもしれない」などと想定してみることが大切です。発達障害と併発しやすい病気・状態は、てんかん、チック、ニート、ひきこもり、家庭内暴力、非行や挑発的行動などです。

発達障害と間違えられやすい病気・状態は、うつ病、統合失調症、摂食障害、脅迫症、社会不安症、パーソナリティ障害などです。発達障害の疑いを持った場合、受診するのは精神科になります。どこの精神科でも発達障害を扱っているわけではないので、そこの病院が発達障害に対応しているか、受診前に確認してください。（131ページ参照）

特徴を生かした活躍も可能

発達障害であると診断された場合は、障害者手帳の交付や専門的なサポートを受けることもできます。発達障害のある人は、決して劣っているわけではなく、社会的不適応者でもありません。**適切なサポートを受ければ、発達障害の特徴を生かして、社会での活躍や幸福的な生活を手に入れることも可能です。**

発達障害の就労については、さまざまな相談先があります。発達障害者情報・支援センター（厚生労働省の機関で、公的支援についての情報が得られる）、発達障害者支援センター、地域障害者職業センター、ハローワーク、地域若者サポートステーション、民間の発達障害就労支援機関などがあります。

また、発達障害に関連して、私生活、家庭生活、社会生活上の「生きづらさ」を感じていたり、不安があったりするのであれば、精神科、心療内科、市町村の悩み相談窓口、児童相談所などの子育て相談窓口などに相談することができます。

❸ 思春期の発達障害に特有の悩み

発達障害のある子どもが思春期を迎えた時に、さまざまな問題に直面し、本人も親も困り果てることが少なくありません。発達障害とは、幼少期から現れる発達のアンバランスさによって、脳内の情報処理や制御に偏りが生じ、日常生活に困難をきたしている状態のことです。特定のことには優れた能力を発揮する一方で、ある分野は極端に苦手といった特徴がみられます。

発達障害のある子どもは、こうした得意なことと苦手なことの差が大きく、そのため生活に支障が出やすくなっています。

発達障害のある思春期の子どもに特有の悩みを見ていきましょう。

思春期の発達障害に特有の悩み①

人との違いを意識し始める

思春期に入ると、誰でも周りの人のことが気になり始めます。これは、アイデンティティー（自己同一性）の確立には、とても大切なことなのです。また、自分と他人の違いを認識し始めます。他の子どもと同じようにできないことに違和感を持ち始める子どもも少なくありません。

思春期には、発達障害の特性のない子どもであっても自己評価が低下したり、劣等感を抱いたりしやすくなります。特性のある子どもの場合は、それに加えて、幼い時から「駄目でしょ」「ジッとしていなさい」「どうしてできないの」などと、親や教師から注意されがちです。それが続いていくと、**他の人との違い（異質性）を「自分は**

駄目な人間ではないか」と、欠点のように思ってしまうことになりがちです。

特性のある子どもは、そうでない子どもよりも叱られたり、欠点を指摘されたりすることが多いために自己否定をしてしまいがちです。つまり、自己評価には周囲の大人たちの関わり方が関係しているということです。たとえ特性があっても、得意なことや長所は必ずあるはずです。

子どもの苦手なことを指摘する・注意する・叱ることよりも、得意なこと・上手なこと・好きなことを見つけてあげること、できていることを認め、褒めることが大切であると言われています。確かにその通りですが、分かっているけど、ついつい叱ったり注意したりしてしまうことの方が多いのではないでしょうか。

思春期の発達障害に特有の悩み②

友達と会話がかみ合わない

発達障害の特性がある子どもは、言葉のやりとりだけでなく、**話し相手の表情を読んだり、皮肉や例えなどを適切に理解したりすることが苦手**です。小学校までは何とか学校での友人関係に対応できていたとしても、**中学校に入ると対人関係がより複雑になり、さまざまな場面でほころびがみられるようになります。**

思春期に入り、仲間やグループでの親密な会話が増えると、この特性がきっかけとなって友達との行き違いが発生し、トラブルにつながったり、いじめに遭ったりする場合があります。特性のある子どもは、**周りから「空気が読めない。わがままで身勝手。キレやすい。人の話をよく聞かない。協調性がない」などと見られがち**です。こうしたことについて本人が気付いていない場合、「自分は正しいのに」と被害者意識を持つ場合があります。

思春期の発達障害に特有の悩み③

友達と一緒に行動することが苦手

中学生になると、人間関係は複雑になり、同時に社会的立場や社会的な場面で期待される行動も複雑になります。クラスの中にも小さなグループができたり、グループ同士の関わりがあったり、それぞれが独特のルールを持って行動したりということが増えてきます。

発達障害の特性がある場合、これらのルールが理解できなかったり、守られなかったり、あるいは勝手な行動をとったりすることでトラブルになる場合もあります。本人にはそのつもりがなくても、悪意にとられて仲間はずれやいじめの対象になることもあります。複雑な社会の中では、特性のある子どもには特に支援が必要であり、子どもの社会性の未熟さについて理解する必要があります。

社会性の未熟さとは、「社会常識やルールがなかなか身に付かない」「人の気持ちを汲み取ることができない」「仲間との関係性が築きにくい」などが挙げられます。しかし、こうした**社会性の特性は子どもの個性であり、サポートすることで長所になる場合も**あります。例えば、「周囲に関係なく自由な発想ができる」「**一人でも好きなことをやり遂げる**」「**長時間でも集中できる**」「天真爛漫《てんしんらんまん》に生きている」などです。

思春期の発達障害に特有の悩み④

授業についていくことが難しい

小学校までは勉強のできた子どもが**中学生になると、急に授業についていくことができなくなることがあります。**

自閉症やアスペルガー症候群は**自閉スペクトラム症**（ASD）と言われますが、この特性のある子どもは、**好きな科目と嫌いな科目がはっきりしていることがあります。**

また、人の話を聞くことが苦手で、先生が話していることが理解できない場合があります。想像力が弱く、主人公の気持ちになるといった読解力が弱い、複雑な動きが苦手でスポーツについていけない、スポーツのルールが覚えられないなどの特性もあります。

注意欠如・多動症（ADHD）の子どもは、「不注意」「衝動的」「落ち着きがない」という特性から、**授業中にじっとしていられず、**立ち上がって机から離れてしまったり、落ち着いて一つの課題に集中することができなかったりということで、授業についていけないことにつながります。「忘れ物や紛失物が多い」「同じミスを繰り返す」「順番に並んだり、待ったりすることができない」「乱暴な行為に出てしまうこともある」などの特性もあります。

限局性学習障害（ＳＬＤ）の子どもは、読む、書く、計算するなどに特性があります。特に読むことに障害がある場合、**文章をどこで区切って読めばよいのか分からない、**単語を言葉としてとらえることができず、一字一字なぞるように読む、「ぬ」と「ね」などの形が似ている字を読み間違える、文字や行を飛ばして読む、「食べる」を「しょくべる」と読むなど、音読みと訓読みを混同する、「きゃ」「しゅ」「ひゃ」などの拗音《ようおん》、小さな「っ」で表す詰まる促音《そくおん》が発音できない、などの特性があります。

いずれの障害についても**共通しているのは、自分ではどうしようもない、努力だけでは克服できない、周囲から必要以上に叱責《しっせき》されてしまう**などです。このようなことが重なると、**大きな劣等感**（**コンプレックス**）を感じてしまいます。

自分をコントロールすることが苦手

思春期になってからのかんしゃくのような行動は、幼児期のかんしゃくとは違って、それだけでも奇異な行動に見えます。普段はおとなしいのに、突然大声を出したり、暴れたりという行動は、自分の感情を上手にコントロールできていない状態を表しています。**ＡＳＤの特性のある子どもは、予想外のことが起きたり、自分の思い通りにならなかったりした時に、非常に強い不安を感じます。**

その不安な感情をうまく処理し、抑えることができずにパニック状態に陥ることがあります。例えば、「授業の予定が変わった」「耳元で大きな声で話し掛けられた」時などです。また、「特定の授業の時にコントロールできなくなる」「人の気持ちが読み取れない」「大きな声や音が苦手」「否定的な言動に拒否反応を起こす」「集団行動にストレスを感じる」などということもあります。

ＡＤＨＤの特性がある子どもの場合、「コントロールがきかない」「やるべきことより、やりたいことを優先してしまう」「集中力がない」「周りの状況を把握できない」「ルールや常識を理解しにくい」「ストレスを感じやすい」などの特徴があります。感情のコントロールは簡単に身に付くものではなく、たくさんの不安や葛藤を経験しながら、試行錯誤の中でより良いコントロールの方法を見つけていくという作業が必要になります。

例えば、ＡＳＤの特性がある子どもは、目に見えること、つまり視覚的情報は理解しやすいので、自分の感情、つまり**不安や怒りをグラフや表にしたり、点数をつけたりするなどして、可視化することで感情をコントロールすることができる場合があります。**目に見えない気持ち（感情）を可視化するようにして、相手に理解してもらう方法として、次のようなものがあります。

我慢できないほど怒った時は１００点、教室から逃げ出したくなった時は80点、何とか我慢できるなら50点、大丈夫だなあと思ったら30点という具合に、点数で気持ちを表すようにすることで、「今の気分は何点ぐらい？」と子どもに確認することで、お互いに理解しやすくなります。

また、深呼吸を10回といったように、具体的な回数を指示した深呼吸を提案してみ

る、**場面を変えてみる、**教室ではなく保健室や誰もいない場所に移動して落ち着かせる、落ち着いたら、その部屋をクールダウンの場所として認識させる方法もあります。また、本人の好きな感覚を与える方法もあります。特性のある子どもは、流れる水や特定の石鹸の匂いなど、好きな感覚や感触に触れることで落ち着く場合があります。

思春期の発達障害に特有の悩み⑥

恋愛の難しさ

思春期になると、友達としての交遊関係と恋愛関係は異なるものだということに気付き始めます。ＡＳＤの特性がある子どもは、目で見ることができないこの違いを理解することが苦手です。**相手の恋愛感情に気付かなかったり、相手の気持ちを誤解したりする**ことがあります。例えば、「**あなたのことは友達として好き**」というような**話を適切に理解することは難しい**ところがあります。

思春期の発達障害に特有の悩み⑦

何となく不安で、何となくイライラする

思春期を迎える頃には、誰でも将来のことや友達関係のこと、勉強のことなどで不安な気持ちを抱くようになります。多くの不安は、思春期の発達課題である「自己同一性（アイデンティティー）の確立」に関わる不安だと言われています。発達障害の特性がある子どもの場合は、その不安がより強まることが考えられます。

例えば、ＡＳＤの場合は、感覚の過敏性や相手の気持ちを読み取ることの困難さから、ＡＤＨＤの場合は、じっとしていられない、一つのことに集中できないなど、不注意や衝動性などが原因で自分をうまくコントロールできない行動から、またＳＬＤの場合は、自分では努力しているつもりなのに授業についていけないなど、学習のつまずきから、それぞれが抱える不安を増長させてしまうことがあります。

不安をすっかりなくすことは不可能です。**不安に対処するためには、不安を「自分の中にあるもの、あって当たり前のもの」として抱えつつ生活をすること、不安に押**

しつぶされるのではなく、不安とうまく付き合っていくことをゴールにすることです。不安を打ち消そうとするのではなく、不安な気持ちをうまく表現する、誰かに聞いてもらったり、日記に書きつけたりすることが現実的な対応方法ですが、これは特性の有無にかかわらず共通したことです。

特性のある子どもは、これらの表現やコミュニケーションが苦手なので、不安を抱えていること、不安とうまく付き合っていくことも難しいかもしれません。**周りの人ができることとして、不安があることに気付くこと、不安を表現しようとしている小さな言動を見つけること、よき聞き役になることが求められます。**

思春期の子どもは、特に理由もなくイライラし、特に怒りを向ける対象もなく怒りの感情を抱きます。自分を他者の視点から見ることができれば、イライラしている自分に気付き、どうしてそんなにイライラしているのか、と自分からその理由を探したり、気持ちを整理したりできます。

特性のある子どもは、他者の視点を持つことが難しい場合が多いので、イライラしている自分に気付かないことも多くなります。**周りの人ができる支援としては、タイミングも大切になりますが、「最近、何だかイライラしているように見えるよ」などと、**

相手の気持ちを代わりに言葉にしてあげる、つまり言語化することです。自分を知るということは、思春期の子どもが解決しなければならない「自己同一性（アイデンティティー）の課題」を解決するための重要なヒントになります。

4 家庭と学校で必要な思春期のサポート

発達障害の特性については、おおむね理解していただけたと思いますが、家庭や学校、とりわけ家庭でどんなサポートができるのか考えてみましょう。

発達障害に必要なサポート①

話や悩みを言いやすい環境を作る

思春期を迎えると、勉強や学校生活、友達のことなど、どんな子どもでもさまざまな悩みを抱えています。発達障害の特性のある子どもは、**悩みや自分のことを上手に**

打ち明けたり、相談したりすることが苦手です。しかも、幼い時から注意されることも多い子どもの中には、被害者意識を持っている場合もあります。

このような子どもたちの話や悩みについて、**普段から言いやすい環境を作ってあげたいもの**です。子どもの話を聞く時は、子どもの言い分を聞くという姿勢で聞いてあげたらと思います。ついつい説教したり注意したりすることが多くなるものですが、子どもの話や悩みを聞いてあげることは大きな支援になります。

子どもが話しやすい環境とは、具体的にはどのようなものでしょうか。まず、**一対一で聞いてあげる**ことです。他のきょうだいがいたり気になる音などがあると、なかなか集中できません。そして、決めつけないことです。「あなたが悪いんじゃないの?」というように、決めつけるような言い方はできるだけ避けるようにします。さらに、相談相手を変えてみることもいいでしょう。悩みの内容によって、相手を変えることで話しやすくなる場合もあります。

中でも大事なのは、**命令調で質問しない**ことです。「早く話しなさい」などと、命令調で質問すると、委縮して話せなくなってしまいます。また、**ペンとノートを用意することも**大切です。**悩みの内容を目で確認して、解決法などを書いて子どもの部屋**

に貼っておくことで安心できる場合もあります。最後に、**必要以上に干渉しないこと**です。子どもが話したくない時は、無理に話を聞き出そうとせずに見守ってあげて、必要な時だけ手伝うという姿勢を見せてあげます。

発達障害に必要なサポート②

無理にグループに入る必要はないと理解する

思春期を迎えると、クラスメートや仲の良い友達などと仲間を作り、その関係は家族より重要視されます。校内や放課後などでは、グループ行動が多くなってきます。こうしたグループは、自分たちだけのルールを作ったり、自分たち独自の行動をとったりします。発達障害の特性がある子どもは、**こうしたグループに入らず、あるいは入れず、孤立してしまう場合があります。**

ＡＳＤの特性がある子どもは、一人でいることを好んだり、一人で行動したがったりします。仲間に入ることを積極的に選ばない傾向を持つ子どももいます。こうした子どもたちが、仲間になったりグループに入ったりすることを邪魔されている場合は問題ですが、そうでなければ親や教師としても〝孤立することは良くない〟という思いを考え直す必要があります。

特性のある子どもは、**一人ぼっちでいても気にしていないことがあります。**本人は孤立しているつもりはありませんが、周りの子どもたちは、「自分のことだけを話す。相手の話を聞くのが苦手。相手の気持ちを理解するのが苦手。一人が好き。グループ行動が苦手。協調性がない。自分勝手な行動をしてしまう。相手の気持ちよりも自分の気持ちを優先してしまう」などと受け止めてしまうからです。

特性があるためにグループ行動が苦手な子どもには、無理に友達をつくったり、グループに入ったりする必要がないことを、学校の先生が保障してあげることが必要になります。無理にグループを作らせたり、共同で作業をさせたりすると、かえって仲間はずれにされたとか、意地悪されたなどと感じる機会が増えることになるし、実際に被害的な感情を抱いてしまうことがあります。

発達の特性からグループで行動することが苦手な場合があることについて、周囲が理解することが支援につながります。「それは決してわがままではなく、とても苦手意識が強いためにみんなと同じように行動できない」ことを理解してもらう必要があります。どうしてもグループを作らなければならない場合、先生がその間の調整役を務める必要があります。

発達障害に必要なサポート③

家族は常に味方、対応を統一する

発達障害の特性は生涯続くものと考えられています。**家族は、特性も含めた状態で、ありのままに受け入れる必要**があります。そのうえで、子どもが持つ能力を伸ばすために、どんなサポートがいいのかを考える必要があります。**子どもへの適切なサポートがあれば、子どもの感じる生きづらさを軽減し、発達を促進する**ことにもなります。

子どもが成長し、中学校に進学すれば、それだけストレスも強くなってくるはずです。子どもが心配なあまり、「しっかりしなさい」「小学生じゃないんだから」などと責めたり、がっかりしたような態度をとったりすると、子どもの自尊心を傷つけてしまうことにつながります。子どもの特性を理解し、それを否定したり否認したりするのではなく、**常日頃から**「**大丈夫だよ。お母さんはいつでも味方だから**」などと、**子**

どもが安心するような態度で接することが大切です。

家族みんなで子どもの特性を理解し、特性に合わせたサポートのルールを決めていくことが大切です。例えば、「宿題は夕食の前」「食事の時はテレビを消す」などと、一日のスケジュールを決めて、それを実行できるようにきょうだいや家族にも協力してもらいます。安定したスケジュールで生活を送り、子どもが安心できる環境を整えてあげる必要があります。

また、**お父さんとお母さんが共通の言葉掛けをすることで、子どもはした方がいいこと、してはいけないことが理解できます。**気分次第で怒ったり褒めたりなど、コロコロ態度を変えることは避けたいところです。家族が共通の認識を持つこと、家族みんなが理解し、役割を分担することが必要です。

以上のことを踏まえ、家族のサポート・ポイントをもう一度整理してみたいと思います。

まず、**サポートの仕方を統一する**ことです。どのような行動を褒め、どのような行動を叱るのかを決め、誰が対応する場合も一貫した態度で接することが大切です。次は、必要以上に甘やかさないことです。できないことを全て代わりにやってあげるのではなく、できないことのどこを手伝ったらいいのかを考えてみます。支援することが、結果的に子どもの主体性や自立心を奪ってしまうことになってはいけないと思います。

次は、**きょうだいに理解してもらう**ことです。子どもの特性のことについて、きょうだいにも分かりやすい言葉で説明して理解を得て参加してもらいます。ただし、きょうだいに必要以上に我慢させたり、サポートを無理強いしたりすることは避ける必要があります。次は、**褒めて育てる**ことです。もちろん厳しく叱ることも必要です。できないことを指摘したり、叱ったりするだけでは子どもは成長しません。できることを褒める方が、自己肯定感が高まり自信を持つことにつながります。

発達障害に必要なサポート④

ストレスを避け、完璧よりほどほどに

発達障害の特性のある子どもを抱えている保護者や家族は、大きなストレスを抱えていることが少なくありません。特に母親にとって、子どもの特性を受け入れるということは、それだけでも大きなストレスを感じることでしょう。その他にも、毎日の暮らしの中で起きるさまざまな問題への対応、子どもの将来に対する不安感、あるいは家族や身内からも「分かってもらえない」といういら立ちや孤立感などが渦巻いています。

子育てのストレスから、うつ状態に陥ってしまう場合もあります。うつ状態が続くと、子育てや家事などに取り組む意欲が大きく低下したり、物事に対して否定的に考えたり、将来への不安から何も手につかなくなってしまうこともあります。さらに、子育てを放棄してしまったり、子どもに対して虐待行為をしてしまったり、夫婦関係や家族関係の崩壊にまでつながる場合もあります。

家族がストレスを抱えてしまうことは、子どもにも大きな影響を与えて不安定になってしまいます。**子育てには、身体面だけではなく、家族の精神的な健康を維持することが重要**なのです。

特性のある子どもの子育ては、健常な子どもの子育てに比べて難しいことは確かです。しかし、一生懸命になり過ぎること、神経質になりすぎることは避けた方がいいと思われます。「～しすぎ」は、かえって状況を悪化させることになりかねません。

度を越えた介入や指導は、たとえそれが手助けであっても、子どもにストレスを与えることになってしまうことがあります。

お母さん自身が疲れを感じたら、お父さんや他の家族に子どもの世話を分担してもらいましょう。上手に気分転換をすることも大切です。お母さんが、「疲れた」「身体が重い」などを連発するようになった、布団からなかなか起きてこられなくなった、眠れなくなった、子どもを叩いたり大きな声で叱ったりすることが急に多くなったなど、普段とは違うこのような様子に気付いたら、家族はお母さんの負担を軽くするように努めてください。

無理に頑張らせたり、お母さんを責めたりすることは避けてください。しっかり休むこと、必要があれば専門機関に相談することも大切です。子育てには、終着点も近道もありません。**完璧にしようと、必要以上に頑張らずにほどほどを心がけてください。**ほどほどサポートで、子どもも家族も、お互いに自分のペースで成長・発達していくことを目指したいものです。

発達障害に必要なサポート⑤

不登校になったらまずは子の思いを聞く

ある日、突然子どもが学校に行きたくないと言い出したら、気が動転する親御さんもいるだろうし、何をわがままなことを言っているのかと、子どもを叱りつける親御さんもいるかと思います。

なだめてもすかしても動こうとしない子どもに対して、途方に暮れてしまうこともあろうかと思います。そんな時は、**時間をかけて子どもの話を聴き、子どもがどうしたいと思っているのかを把握します。その上で、子どもが思っていることをどうすれば実現に近づけることができるか、協力できることはないかを考えてみます。**

一番悩み苦しんでいるのは、子ども自身だということに気付いてあげてください。**無理に学校に行かせることは、子どものストレスをさらに大きくしてしまうこともあります。**不登校になるきっかけや、それを長期化させてしまう要因はさまざまです。決まった対応方法や「こうしなければならない」という正解はありません。学校と相談して、登校刺激を与えないという選択肢もあります。

不登校と発達障害は関係が深いわけではありませんが、不登校状態の子どもの中には発達障害の子どもがいますし、発達障害の子どもの中にも不登校状態になる子どもがいます。特性は、不登校に対応する上で一つのヒントになる場合があります。特性による学習のつまずきや対人関係上の問題が不登校のきっかけになっている場合は、支援態勢を整えることや環境調整をすることが必要になります。

不登校になった子どもとどのようにして過ごすかは、とても大事な問題です。子どもは、学校に行かなくなったことで安心感を持ちますが、同時に大きな不安感を持っていることも少なくありません。普段登校している時にはできないことにチャレンジしてみるなど、前向きに不登校期間を利用するという方法も考えてみます。

例えば、学校は苦手であるが、○○の勉強は好きという場合は、**家庭でも時間を決めて好きな勉強をさせてあげることができます。**また、子どもの特性に沿った教育をする**通級教室**や好きな時間に通える**フリースクール**など、学校以外にも学べる場所があるので、積極的に情報を集めて、**子どもが行きやすい場所を見つけてあげます。**

発達障害に必要なサポート⑥

褒められると自己肯定感が高まる

思春期になると、周囲と比べて自分のできないことがとても気になります。例えば、ＡＳＤの子どもは、感想文は苦手でも歴史や地理は得意ということもあります。この場合、「もっと本を読んで国語を勉強しなさい」と指導するのではなく、「歴史はいつもいい点をとってすごいなあ。次は○○についても調べてみたら？」という言葉掛けの方が、より子どもが自信を持つことにつながります。

家庭でも学校でも、「できること」や「できないこと」を見つけて認めてあげることは、とても大切なことです。人は、誰でも認められ、褒められることは嬉しいものです。**子どもは、褒められること、認められることで自己肯定感を高めていくことができます。**しかし、「褒めてばかりいると、結果的に子どもを甘やかすことになるのでは？」と思う親や先生がいるかもしれません。

「甘やかす」とは、子どものわがままを増長させてしまうことです。これは支援ではなく、子どもが自立しようとする力、自分でやろうとする力を奪ってしまうことです。「褒める」とは、子ども自身が、小さくとも一つの壁を越えたことを認めることです。自立への壁を越えていくための支援の一つです。次の目標に向かって進めるように自信を持たせてあげることが必要です。自信を持つこと、自己肯定感を高めることが、子どもの将来の自立につながっていきます。

発達障害に必要なサポート⑦

子どもの特性に合わせ環境を整える

中学校に進むと学習レベルもより高くなって、自宅での予習や復習がとても大事になってきます。しかし、学校とは違って、自宅にはテレビやゲーム、コミック類など刺激的なものがたくさんあるので、子どもはなかなか勉強に集中できません。

ＡＳＤの子どもは、音や光など必要のないものまで目や耳に入ってきた場合、ＡＤＨＤの子どもは、窓の外が見えたり、勉強に関係のないゲーム機などがあったりする場合、衝動を抑えられないことがあります。発達障害の特性のある子どもには環境を整える必要がありますが、その基本は過剰に刺激しないこと、つまり余計な刺激を与えないことです。

こだわりが強いという特性がある子どもは、あるべき物があるべき場所にないと、とても動揺してしまいます。親の判断で本棚の本の位置を変えたり、机の上のペン立てを少しだけ動かしたりするだけで、子どもがパニックになってしまうこともあります。**子ども部屋の物を動かしたり、片づけたりする場合は、必ず本人の確認をとる必要があります。**

学習に適した環境は、刺激を統制することが必要です。まずは、**子ども部屋のベッドのスペースと勉強するスペースを本棚やカーテンで仕切ります。**机を置いた場所は、勉強に専念する場所と認識できるようになります。**部屋の中には、ゲームやコミック類などを置かず、スポーツ用具やポスターなども他に移すか、見えないように隠します。**

勉強机は、窓の外が見えないよう壁に向かって置きます。そして、**勉強机の周りには、筆記用具やスケジュール表、時間割など勉強に必要なものだけを置くようにします。**きょうだいがいる場合は、別々の部屋にするのが理想ですが、無理な場合、カーテンなどで仕切って、勉強に集中できるように視界をさえぎる工夫をしてみます。試験などの目標がはっきり分かると、子どもはそれに向かって頑張ることができます。発達障害の特性のある子どもの場合、**試験の日程が決まったら親は子どもと一緒に相談しながら予定表を作ります。**この時、苦手な科目は無理をしなくてもいいことを話し合います。ただし、高校生の場合、そう簡単に割り切ることはできません。家族は、本人が自分に合った勉強法を見つけられるように支援することが大切です。

5 進路の選び方

中学卒業後の進路

中学校卒業後の進路をどうするかということは、全ての子どもにとって大きな問題です。もちろん、発達障害やその特性のある子どもにとっても、その後の人生を決める一大事といっていいでしょう。特性のために自分の能力や適性を客観的に見ることが難しい場合があります。そのために、**進路についても現実離れをしていたり、こだわりが強く、自分の適性に全く合わない進路を希望したりすることがあります。**

ＡＳＤの子どもは、見えないものをイメージしたり、想像したりする力が弱いという特性があります。今、学んでいる勉強と、高校進学や社会に出た時に役に立つことの関連性がなかなか理解できません。そのために、自発的に目標を立てたり、将来に向けて努力したりすることが難しい場合があります。中学2年生に進む頃になり、周りのクラスメートの中に将来の進路に対する話題が多くなってくると、本人も将来に対する不安感を漠然と持つようになってきます。

早めに希望の進学先に連れて行く

しかし、そうした不安感は、家庭でも自分から話すことはほとんどありません。そこで、夕食の時間などに「中学を出たらどうするの？」などと聞いても、いつも困ったような顔をするなら、進路が目で見えるように具体的に見せてあげることで安心する場合もあります。例えば、**進学を希望する場合は、なるべく早めに進学先に連れていくなどして、具体的に見せてあげることも効果があるはず**です。

中学3年生になってもなかなか受験勉強を始めない子どもに対して、「○○高校へ行きたいなら、もっとしっかり勉強しないと駄目でしょう!」などと注意してもあまり効果はありません。それよりも、**受験までの勉強方法やペースを確認できるように、1年分のスケジュール表があるといいですね。スケジュールを決める時は、子どもと相談しながら決めていくと、子どもも納得できます。**スケジュール表ができたら、机の前に貼って、子どもがいつも確認できるようにしたらいいですね。

特性に合った進路を考える

進路を決める上で大切なことの一つは、子どもの特性との相性です。**発達障害の特性がある子どもは、本人の努力だけでは乗り越えられない分野があります。もし、子どもの進む進路が子どもに合っていれば、その後も順調に成長していけるはずです。**したがって、子どもが選ぶ進路との相性について時間をじっくりかけて見極めることが重要になります。

進路を決める前に、子どもの「得意なこと」「不得意なこと」を整理して、子どもの適性を客観的に把握します。中学卒業後の進路を決めるのは本人の意思を尊重することが基本ですが、保護者や先生、支援者などのアドバイスを受け入れ、現実的にじっくりと時間をかけて行うことが大切です。

支援のある学校かどうか確認を

義務教育の中学校と違い、高校の場合、全日制、定時制、通信制、特別支援学校（高等部）、専門学校などと選択肢が広がります。それだけに、高校は本人の将来設計を考えて慎重に検討する必要があります。また、特性によっては、特別支援学校で個別の支援を受けながら学ぶ方が、本人にとってもストレスが少ないという場合もあります。

本人の適性に合わせて、子どもが学べる環境を現実的に決めることが何よりも大切です。志望校が決まったら、受験前に一度学校を訪問してみましょう。本人が進学しようと思っている高校がどんな高校なのか、人づてに聞いた評判だけでは、なかなか分からないものです。高校での支援体制は、学校によって大きく違います。積極的に支援を行っている高校なのか、そうでないのかによって高校生活は大きく変わります。

支援担当の先生や校長先生などに相談の機会を設けてもらい、過去の支援例や支援

を受けている先輩の話を聞くことは大いに参考になるはずです。また、志望校を見学することは受験の励みにもなるはずですし、高校生活に対する不安が軽減される場合もあります。できればいくつかの高校を見学して、本人との相性を検討するのもいいかと思います。

就労する（働く）という選択肢も

発達障害に限らず、障害のある人の中学校卒業後の進路として、高校進学以外に就労という選択肢もあります。障害のある人が働く場合には、福祉的な支援を利用しながら仕事をすることができる制度がいくつかあります。

障害のある人が公的サービスを受けるにあたり、**障害者手帳を取得する方法**があります。就労をめざす場合も手帳を取得することで、さまざまな支援、例えば税制上の優遇措置や交通機関の割引などを利用しやすくなります。現在、障害のある人のために3種類の手帳があります。手帳の呼び名は、地方自治体によって異なります。

①「**身体障害者手帳**」これは、目や耳が不自由な人、手足や内臓などに機能障害がある人が対象になります。②「**療育手帳**」これは、知的障害がある人、知的障害を伴

う自閉スペクトラム症の人などが対象になります。③「**精神障害者保健福祉手帳**」これは、精神障害、例えば統合失調症やうつ病、てんかん、アルコール依存症の人が取得できる手帳です。

また、「**その他の精神障害者**」として、「知的障害を伴わない発達障害者」も障害者手帳を取得できる対象になっています。障害者手帳を申請するためには、医師の診断書、市町村の障害福祉担当窓口や児童相談所にある申請書を市区町村か福祉事務所に提出し、精神保健福祉センターなどの審査を受けます。手帳の有効期限ですが、2年ごとに更新申請書を提出する必要があります。詳細については、市区町村の障害福祉窓口で確認して下さい。

障害者手帳と「障害者雇用率制度」

手帳を取得すると、いくつかの就労の支援を受けることが可能になります。その一つに「**障害者雇用率制度**」**を利用して就労する**ことがあります。この制度は、従業員50人以上を雇用する事業所では、雇用する労働者の中で障害者が占める率を規定した制度です。これは、公的機関や民間企業、どちらにも課せられる義務でもあります。

従業員の多い大企業であれば、その分、障害のある人が雇用される数も多くなるので、就労のチャンスが増えることになります。

また、障害者を雇用する数の問題だけでなく、実際に就労するにあたり、支援付き雇用やジョブコーチといった制度も利用できます。障害者を差別することも法律で禁止されていますし、障害者の特性に沿った「合理的配慮」を行うことも企業に求められますので、障害者が働きやすい環境を作ることも必要とされます。手帳を取得すること、これはとりもなおさず、自分の障害や特性を受け入れることにもなります。

6 精神疾患が隠れている場合

以上、発達障害のある子どもについて述べてきましたが、思春期の子どものさまざまな問題の中には、うつ病、統合失調症、双極性障害などの精神疾患が隠れている場合もあります。

うつ病は、こころの症状とからだの症状が見られます。こころの面では、不安、あせり、消えてしまいたいという絶望感、興味または喜びの喪失、意欲の低下、自分を責めるなどの症状が見られます。からだの面では、睡眠障害、食欲の減退、動悸・息苦しさ、からだの重みや痛みなどの症状が見られます。

統合失調症は一つの病気ではなく、症状や経過が似ているさまざまな精神疾患が集まって起こる症候群だと考えられています。大まかに陽性症状と陰性症状に分けられます。陽性症状には、幻聴や幻視などの幻覚、妄想、思考の障害、激しい興奮や常同運動（同じことを繰り返す）などが見られます。陰性症状には、感情が乏しくなる、興味の喪失、喜びを感じにくい、意欲の低下、会話の減少などが見られます。

双極性障害は、うつ状態だけでなく、対極の躁状態も見られる病気です。躁うつ病とも言われています。軽度な場合には、何とか生活を送ることができます。しかし、症状がひどいと、学業、仕事や家庭に重大な支障をきたし、人間関係や社会的信用を失うなど、人生の基盤を大きく損なうことも起こり得る病気となります。

気分が落ち込むうつ状態と、気分が高揚する躁状態が交互に見られたり、同時に見られたりする病気です。躁状態としては、話が止まらない、やたらと人に声をかける、自信に満ち満ち、他人を無視する、買い物やギャンブルで発散するなどの症状が見られます。うつ状態としては、気分がひどく落ち込む、何をしても楽しくない、死にたくなる、食欲がない、イライラして落ち着かないなどの症状が見られます。

うつ病、統合失調症、双極性障害などは明らかに精神疾患であり、軽度の場合もありますが、**医療専門家の治療が必要**です。

第4章

人一倍敏感な子ども（ＨＳＣ）の対応

人一倍敏感な子どものことをHSC（Highly Sensitive Child）と呼んでいます。

HSCについては、これまで「神経質な子」「変わった子」などと受け止められることが多かったのですが、近年、こうした子どもの研究が進んできました。こだわりが強いという共通点から、自閉スペクトラム症と勘違いされることが少なくありませんが、空気を読む力に大きな違いがみられます。**HSCは空気を読みすぎるところがあります。**

日本におけるHSC（敏感すぎる子ども）やHSP（敏感すぎる大人）に関する第一人者と言われるのは、HSP研究の長沼睦雄先生（精神科医）とHSC研究の明橋大二先生（精神科医）ではないかと思います。研究の歴史はまだ浅く、これから研究がさらに深まっていくことが期待されます。

私がHSCについて強い興味・関心を持った理由は、**もしかしたら不登校やひきこもりのお子さんの中に、HSCがかなりいるのではないかと感じたからです。**これまで私が取り扱ってきた事例だけを振り返ってみても、HSCに該当する子どもがかなりいたように思われます。

育て方で長所にも短所にも

ＨＳＣに関しては、さまざまな研究がされていますが、今のところ医学的な原因は見当たりません。また、育て方が原因でＨＳＣになることはありません。ただ、ＨＳＣ研究の先駆者であるアメリカのアーロン博士（心理学研究者）は、「**敏感な気質が長所となるか、あるいは不安のもとになるかは育て方で決まる**」と指摘しています。

つまり、ＨＳＣを長所とみるか、短所とみるかは育て方次第ということになります。発達障害の理解と相まって、ＨＳＣを発達障害の一部ととってしまうと、親も子も周りの人も混乱し、困り果てます。したがって、ＨＳＣの特性をよく理解して、ＨＳＣを不安のもとになるもの（短所）として受け止めるのではなく、「**敏感さという才能（長所）」として子育てに取り入れることが大切**かと思われます。

1 HSCの4つの特質

HSCの特質①

深く考える

全てのＨＳＣがそういう行動をとるわけではありませんが、**普通の子どもならそこまで考えないだろうということまで深く考えてしまいます。**そういう特質から、大人がするような深い質問をしたり、年齢の割に大人びたことを言ったりします。買い物をする時にも全ての可能性を考えるため、選ぶのにすごく時間がかかることがあります。

じっくり観察して考える必要があるので、初めての人や場所で行動を起こすのに時間がかかることがあります。ＨＳＣでない子どもが、そこまで考えない、あるいは考えなくてもいいことを瞬時に考えてしまうことが、「深く考える」ということです。

HSCの特質②

過剰に刺激を受けやすい

大きな音が苦手だったり、暑さや寒さ、自分に合わない靴、濡れた服やチクチクする服に文句を言ったり、実際に痛がったりします。楽しいはずのイベントでも、すぐ疲れてぐったりしてしまったり、興奮するようなことがあると、目が冴えて眠れなくなったりします。

大きな発表会など、人に見られたり実力を試されたりする場面では、普段の力を発揮できないことがあります。強い罰を与えるよりも、穏やかに言って聞かせる方が効果的です。過剰に刺激を受けやすいため、わずかの刺激でいっぱいいっぱいになってしまいます。

HSCの特質③

共感力が高く、感情の反応が強い

物事の一つ一つを深く感じ取り、涙もろく、人の心を読むことに優れています。完璧主義的傾向が強く、ささいな間違いにも強く反応します。**学校の友達や家族、初めて会った人でも、つらい思いをしている人の気持ちが手に取るように分かります。**時には動物の気持ちにも共感して心を痛めたりします。残酷な映画やドラマなどが苦手で、不公平なことが許せません。

HSCの特質④

ささいな刺激を察知する

小さな音、かすかな臭い、細かいことにもよく気付きます。人の髪型や服装、場所の小さな変化などに気付きます。家具の配置が少し変わったり、置いてあった物がなくなったりすることに気付きます。変わった臭いがすると近づくことができなかったり、遠くの鳥の声や飛行機のエンジン音が聞こえたりします。

人が自分を笑ったことや、逆にちょっとした励ましにも気付きます。体内の刺激にも敏感です。薬が作用した反応を感じ取るため、薬が効きやすかったり、特に何かがあったということでもないのに、**少しの刺激で頭が痛い、おなかが痛いなどと訴えて、何か悪い病気ではないかと不安になったりします。**そういうところが、親からすると「大げさだ」と感じることもあります。

❷ HSCが自己肯定感を持ちにくい背景

日本の子どもたちは、他の先進諸国の子どもに比べると、「自分の長所も短所も全部含めて好きである」という自己肯定感が極めて低いといわれています。なぜこの自己肯定感が低いのでしょうか？　持って生まれた性格、親のしつけ方、成功体験の低さなど、いろいろと想像できます。ましてや、ちょっとした否定の言葉を強く受け取りがちなＨＳＣは、自己肯定感を持ちにくいものと思われます。

しつけの影響を受けやすい

ＨＳＣは、ちょっとした否定の言葉も強く受け取り、時にはあたかも全部を否定されたかのように受け取る場合があります。ちょっと注意をしても、人格全体を否定されたかのように受け取ってしまいます。それが続くと、「**自分は駄目な人間なんだ**」とか「**自分は必要ない人間なんだ**」**と思ってしまう**ことがあります。

親としてはそんなことを言った覚えがないのに、ある時子どもの口からそういう言葉を聞いてびっくりすることがあります。何人かの子どもを一緒に叱ると、他の子どもは簡単に受け流しているのに、ＨＳＣだけが強いダメージを受けていることがあります。

自分に厳しい

ＨＳＣは自分に厳しく、自分のことを否定的に見がちです。そして、自分を責めるところがあります。人に対しても容赦なく批判しますが、それ以上に自分の過ちを深く受け止めてしまいます。人には厳しく、自分に甘い人がいますが、ＨＳＣは、まさしく他人にも自分にも厳しい子どもです。

手が掛からない、いい子になりやすい

ＨＳＣは、親や大人の気持ちを敏感に察知するので、大人が自分に何を求めているのか、何を期待されているのか、鋭くキャッチする傾向にあります。そして、大人が指示する前に、大人の望む行動を感じ取ってしまいます。大人からすると、「この子は手が掛からなくていい」と思ってしまいます。

こうなると大人も楽なので、次第に手を掛けなくなります。そうすると、さらに手が掛からなくなります。しかし、能力的にはできたとしても、まだ子どもです。まだまだ大人の愛情やケアが必要なのです。手の掛からない、いい子になることによって、十分な愛情やケアを受けないまま大人になってしまうことがあります。

あるいは、自分がいい子でいる間は受け入れてもらえるけれど、もし自分が悪いところを出したら、その途端に嫌われるのではないか、見捨てられるのではないかと思っていることがあります。すると、もう少し大きくなってから、赤ちゃん返りとか、わ

ざと悪いことをするとか、さまざまな心身症という形で出てくることがあります。

集団生活が苦手

自分に厳しい、いい子になりやすいなどの特質があり、自己肯定感が低くなりがちです。したがって、**集団の中に入ると、他人が自分をどのように見ているか、他人の評価がとても気になる**ことから、教室に入れないとか、学校に登校できないとかの現象に結びつきます。

❸ HSCのとらえ方

HSCを長所（個性）ととらえるか、短所（欠点）ととらえるかによって、その関わり方が大きく異なってきます。前述のように、普通の子どもには見られない長所（個性）と捉えるならば、我々に多くの示唆を与えてくれる貴重な存在になります。

HSCのとらえ方①

病気でも障害でもない、人と違う感性

ＨＳＣは、病気ではないか、障害ではないかなどと、いろいろ憶測されますが、**病気でもないし障害でもありません。**しかし、その特性から、**今の世の中では自己肯定感が低くなりやすい傾向**があります。中には、親が気付かないうちに低くなってしまうこともあります。さまざまな症状が出てから、ようやく気付くこともあります。

もちろん、気付いた時から対応を見直せば回復することはできますし、自己肯定感を育て直すことも可能であると言われています。しかし、できれば大人になる前に、子ども時代からこのことを知っていれば、親も子どももっと楽に生きられるのではないかと思います。

ＡＳＤでも、感覚的な刺激に敏感なところが見られますが、ＡＳＤは、人の気持ちに関しては、気付きにくい、空気を読むのが苦手などの特徴があります。

これに対して**ＨＳＣは、むしろ人の気持ちを察することに人一倍優れています。**家

でも学校でも一人一人の個性に合わせた関わりが実現できたら、きっとこんな名称は必要なくなるはずです。しかし、この社会は人と同じことが求められ、違っていたりすると、わがままとか、親の育て方がおかしいとか言われかねない世の中です。

人とは違う感性を持っているので、その分、配慮が必要になることもありますが、少しの思いやりで、ＨＳＣは見違えるほど生き生きし、その才能を開花させることができます。ＨＳＣが訴えることは、決して筋の通らないことばかりではありません。むしろ、とても当たっていることが多いし、「言われてみればその通り」ということが多いのかもしれません。

HSCのとらえ方②

クラスには相当数の割合でＨＳＣがいる

精神科医の明橋大二先生は、**学校のクラスには5人に1人の割合でＨＳＣがいる**と指摘しています。ＨＳＣは障害でも病気でもないことは前述した通りですが、育て方で変わるものではないこと、音や臭い、味などにとてつも敏感であること、人の気持ちをよく察知するなどの特徴があります。

何事もじっくり考えてから行動を起こすので、マイペースとか臆病とかに見えるかもしれませんが、きちんと現状を確認し、予想されることを全て考えて判断してから行動を起こすので、ゆっくりしているように見えるのです。真面目で優しく、ルールをよく守ります。正義感が強く、クラスで不正が行われていることを許せません。人がつらい思いをしているのを察知し、手助けをしようとします。一方で、先生の大声や怒鳴り声にびっくりし、怖がることがあります。ガヤガヤした場所、うるさい場所が苦手です。しかし、慣れてくると繊細すぎる側面は隠れてしまい、その子らしさを元気いっぱい出して、生き生きと過ごします。

４　ＨＳＣへの関わり方

ＨＳＣはまだ比較的新しい概念なので、一般にはよく知られていません。そこで、ＨＳＣの特性を踏まえた上で、その関わり方について考えてみます。

HSCへの関わり方①

子どもを信じ、共感する

例えば、遠くに聞こえる飛行機の音とか救急車の音など、子どもは気付いていても、周囲の人はまだ気付かないことがあるので、子どもの意見に対して「気のせいじゃない？」などと言ってしまうことがあります。しかし、**ＨＳＣは人一倍敏感に察知する子どもなので、感じたことや気付いたことを常に否定されると、周りに対する不信感が募ってしまいます。**まずは、その子の言うことを信じてあげることが大切です。

子どもが不快な思いをしていたら、その気持ちを否定せず共感してみます。「シャツがチクチクして嫌なんだね」「まだ慣れていないから怖いんだね」などです。自分の気持ちを分かってくれただけで、子どもは安心することができます。「そんなことは気にしなくてもいい」などと言わず、子どもが感じていることを素直に受け止めてあげることが大切です。

HSCへの関わり方②

気持ちを言葉にして返したり、感情を吐き出させたりする

強い感情に圧倒されて、暴れたり、攻撃的になったりすることもあります。そういう時は、「思うようにならなくて、嫌だったんだね。ゆっくりすれば大丈夫だよ」「断られて嫌だったんだね」などと、**気持ちを言葉にして返してあげます**。気持ちを言葉にできるようになると、かんしゃくや暴れることは減っていきます。

嫌だった気持ちを吐き出すと、子どもは自分の気持ちに気付くことができます。それを受け止めてもらうと、自分でもその気持ちを受け止めることができるようになります。「何でも話していいんだよ」という気持ちで聞きましょう。特にアドバイスはしなくても、聞くだけで子どもは落ち着いてきます。

HSCへの関わり方③

スモールステップを設定し、その子のペースを尊重する

ＨＳＣの子どもは、失敗体験に弱く、ダメージを受けてしまうことがあります。成功体験を重ねられるように、**目標は細かく分けて、一つずつ「できた！」という達成感を持ちながら進めるようにします。**そのためには、**大人ができたことを言葉にして、「朝、ちゃんと起きられるようになったね」などと伝えます。**大人が、「ちゃんとできているよ！」と言葉で伝えることが達成感につながります。

ＨＳＣは、言葉を発するのに時間がかかったり、行動を起こすのが人より遅れたりすることがあります。それは、決して「指示を聞いていない」とか「理解していない」ということではなく、**与えられた指示を実行するのにさまざまなことを考えるために、少し時間がかかっているということです。**

むやみに急がせたり、人と同じスピードを求めると、パニックになったり、頭が真っ白になって余計に時間がかかったりします。時間が与えられると、しっかりと考える

ことができますので、逆に大人が驚くような思慮深い答えを出してくることもあります。

新しい環境に慣れるのにも、少し時間がかかることもあります。新しい環境に入ると、誰でも少しは時間がかかるものですが、ＨＳＣは、その不安を解消するために少し時間がかかるわけです。それは、決して臆病とかいうことではなく、「安心できる場所である」ことを確認できる作業が、人より時間がかかるということです。

HSCへの関わり方④

長所を認めて自信を育て、少し背中を押してみる

ＨＳＣは、**動物や植物の状態にもよく気付く**ので、植物を育てたり、飼育係をしたりするのに向いていることがあります。また、**本を読んでも、登場人物の気持ちをよく理解するので、優れた感想を述べる**ことがあります。

そのような長所を認めて「～さんは、よく気が付くね」などと褒めます。また、音楽や絵など、芸術的な才能にも秀でていることがあるので、その才能を伸ばしてあげ

たいものです。ＨＳＣは、褒められることにも強く反応します。褒められると、ぐんぐん才能を発揮する場合があります。先生や親に褒められた子どもは、その記憶が強化され、どんどん得意になり、生涯にわたってその子どもの宝となります。

子どもが何かに挑戦しようとしてためらっている場合、**親から見て、「これは絶対大丈夫」と思った時には、ちょっと背中を押してみます。**子どもが不安になるのは、それなりの理由があることも多いのですが、必要以上に怖がったり、考えすぎたりしていることも少なくありません。その時は、少し控えめに「大丈夫！あなたならできるはずだよ」と背中を押してあげることで、子どもは勇気を振り絞ってチャレンジし、うまくいけば、それがまた自信になるということもあるのです。

ＨＳＣへの関わり方⑤

他人と比べるよりも、自分のゴールを目指そうと伝える

他人と比べられると、余計なプレッシャーがかかり、うまくいかなかったり、楽しめなかったりします。**他人との競争に勝つことよりも、自分のゴールを目指せばいい**

と伝えてください。

歌にしてもスポーツにしても、プロになることも素晴らしいのですが、**楽しむことのほうが、もっと大切なのかもしれません。**そして、子どもの安心感を育《はぐく》むことが、何よりもＨＳＣの自己肯定感を育てることになります。敏感な子どもは、人の笑顔が本当に大好きであることを記憶に留めておきたいものです。

5 「育てにくい」タイプの子どもも

ＨＳＣというと、慎重で、内向的で、ひきこもりがちな子どもと思われがちですが、ほとんど真逆のタイプの子どももいます。そういう子どもの中には、いわゆる「育てにくい」と感じる子どもも少なくありません。特にＨＳＣで刺激を求めるタイプ（ＨＳＳ）の特性のある子どもや、感情反応の強い子どもは育てにくいと感じることが多いようです。

「かんしゃく」は傷ついているサインかも

育てにくい子どもの場合、表面的な言動ばかりに目を奪われずに、**「もしかしたら、この子は傷ついているかもしれない」と考えてみることが必要**です。「自分の思い通りにならない」「人が言うことを聞いてくれなかった」「自分の思う結果が出なかった」、こういうことの一つ一つが、敏感な子どもにとっては傷つく原因になります。

HSCの中でも感情反応の強いタイプをHSSと言いますが、このタイプの子どもは、よく「かんしゃく」を起こすことがあり、育てにくいと感じることが少なくありません。そもそも「かんしゃく」とはどんな状態を言うのでしょうか？　例えば、どれだけ諭《さと》しても大きな声で泣き叫ぶ、物を投げたり壊したりする、人を叩くなど暴力的になる、などの特徴があります。これは、成長と共に落ち着いていく傾向があります。

しかし、思春期を過ぎて大人になっても続くこともあるため、注意しながら子どもを見守っていく必要があります。頻繁に「かんしゃく」を起こすことがありますが、自分の気持ちを伝えたいという成長の証といえます。また、親子関係や子育ての方法などの影響ではないと言われています。あまり不安になりすぎずに、この子の特徴だと思ってあげることも大切です。

かんしゃくを起こして、周囲から「わがまま」ととられて、「ちゃんと言うことを聞きなさい」「仕方ないじゃないの！」などと叱られて、また傷つくという悪循環を繰り返します。

自分をコントロールできるようになれば大丈夫

かんしゃくを起こす子どもに必要なのは、自分をコントロールする力です。しかし、後で自分が困ると分かっていても反応を止められず、感情的な行動をとって、周りから孤立してしまうのが、こうした子どもの特性です。そこで大切なのは、自分をコントロールしてくれる親の存在です。

そのためには、まず親が少し落ち着くことが必要です。親が興奮していると、子どもはますます興奮してしまいます。**親が少し離れて一呼吸おきます。親が少し落ち着いたら、子どもも徐々に落ち着いてきます。**

そこで、「**どうしたの？**」とか、「**嫌だったんだねぇ**」と子どもの気持ちを聞きます。**その上で、「そういう時は、言葉で言えばいいんだよ」とか「こうすればいいんだよ」**

と教えていくと、比較的素直に聞くことができます。気持ちを言葉にできると、少し冷静になれるのです。

安心できる環境なら気持ちを素直に出せる

こういう子どもに付き合うには、少し忍耐が必要です。これは、決して親の育て方のせいではありません。その子の持って生まれた特性なのです。**むしろ、安心できる環境だからこそ、自分の気持ちを素直に出せるということ**です。少し時間はかかりますが、成長するうちに、優しさや豊かな感受性といった長所が発揮されて、素晴らしいお子さんに育つことを願っています。

第5章
子どもに伝えたいこと

皆さんは、子どもに伝えたいことがあるとしたら、どんなことを伝えますか？ 命の大切さでしょうか。知識や技能を身に付けることの大切さでしょうか。あるいは生きる力、優しさや思いやりでしょうか。どれも大切なことばかりですね。ここでは、子どもの自立のために親として子どもに伝えておきたいことをお話したいと思います。

〔1〕生きる価値がないと落ち込む娘

【質問】

高3の娘のことですが、「自分は何をやってもダメ、自分なんて生きている価値がない」と落ち込んでいます。確かに勉強は大嫌いで、部活もイマイチ、友達もいない、人に自慢できることは何もないかもしれません。しかし、親から見ると、優しくて思いやりのある性格が娘の持ち味だと思っています。それを本人に伝えるのですが、そんなことだけでは厳しい世の中を生きていけないと嘆きます。親としては、どんなことができるのでしょうか？

思春期の子どもにとって重要なことは、自分に存在する価値があると意識していること、そして居場所があることです。思春期は、全ての子どもがそうであると言い切れませんが、親と自分の存在を完全に切り離し、自分個人にその価値を見出し始める時期です。思春期は、親からの「自立」と自らをコントロールできるようにする「自律」という課題に取り組み始めます。

　親と一つではないと認識しつつも、個人としての価値を確立できているわけでもありません。自らの存在価値に空白の時ができるのが思春期であるといえます。ですから、その空白を支えるものとして、これまで以上に自分をしっかりと受け止めてくれる居場所が必要なのです。**子どもが親から受け入れられ、必要とされ、求められること**です。このことが、子どもの自己肯定感を育てることにつながっていきます。

　求められるということは、自分には存在価値があるということです。学校において長期間にわたっていじめられたり、無視されたりするのは、まさに学校においては自分が存在する価値もなければ、居場所もないと感じさせられるのです。難しいことではありますが、子どもの命を守るためにも、いじめのない学校や社会を作る必要があります。

もう一つ大切なことは、**人生は生きる価値があること、自分には生きる価値があることをしっかり伝え、その体験ができる場をより多く持たせること**です。この生きる価値を教えることによって、深刻ないじめなどにも立ち向かうことができます。いじめは、加害者と被害者という単純な構図では起こりません。

いじめは加害者と被害者の気質や家庭環境、学校の環境、その時の状況など、さまざまな要素が重なり合って起こります。その複雑さに対応するためには、対策も多岐にわたります。親は子どもの気質を考慮したうえで、子どもを支える家庭環境作りに取り組む必要があります。

いじめ対策の中で最も重要で力強いのが、子ども個人に自分の存在価値を強く認識させることです。それを可能にするのが、**子どもを無条件に愛すること**です。子どもにとって、確実に居場所になっていることです。**たとえ世間中が子どもをいじめていたとしても、家にはしっかりと守ってくれる親がいるという安心感を与えること**です。子どもがたくさんの肉親と出会う場を作り、彼らから愛される機会を作ります。さまざまな人間関係において愛され、自分の生きる価値を見出させるためです。

子どもを無条件で愛し、安心感を与える

〔2〕過干渉のせい？自分で決められない息子

【質問】

高1の息子のことですが、何か困ったことがあると、「お母さん、どうしたらいいかなあ？」と聞いてきます。「そんなこと、いちいちお母さんに聞かなくても自分で考えて決めなさい！」と言うと、「だって自分で決められないもん」と答えます。もう、うんざりです。どうしたらいいでしょうか？ただ、気になることがあります。小・中学校時代は、息子に過干渉だったことです。

お母さんが気にされているように、原因は小・中学校時代、息子さんに過干渉であったことです。こうしたことを気に留めておられる親御さんもいるかと思えば、自分の子どもへの関わり方を棚に上げて、子どもの言動ばかりを非難される親御さんもいます。このお母さんは、息子さんがどうしてこうなるのかについて、おそらく気付いておられるのだと思います。

私たちは、欲しいものに手を伸ばした時に、欲しいものを与えられる場合もあるし、与えられない場合もあります。勉強をしたら成績が上がる場合もあるし、思ったほど成績が伸びない場合もあります。欲しいものに手を伸ばす時の伸ばし方も、どんなやり方をするとうまくいくか、何をやるとうまくいかないか、子どもは自分で考え、自分の感覚で学んでいきます。

なぜなら、自分次第で良くなることを分かっているからです。同時に、自分から働きかけなければ、何も起こらないこともよく分かっています。ところが、**自分から働きかける機会を与えられなかった人は、人生が自分次第であることに気付きません。いつも親からの過度な干渉にさらされると、自分で考えることを諦めます。**

この事例の場合、息子さんに自己選択・自己決定の機会を与えなかったことが大きな原因として考えられます。これまでのことを悔やんでも仕方ありませんので、今後こうした機会をできるだけ設けてあげることが大切です。**親が選択するのではなく、子どもに選ばせ、子どもに決めさせることです。**急にそうしろと言われても難しいので、子どもが選択しやすい機会を作ってあげることが大切です。親はサポート役に徹することです。

子どもに選択させ決めさせる機会を設ける

〔3〕なんでも「あれ」で済ます中2の息子

【質問】

中2の息子のことですが、「母ちゃん、あれ持ってきて！」とか、「あれどうなった？」などと、まるで「こそあど（これ、それ、あれ、どれ）言葉」の世界です。「ああ、あれね！」と分かったような顔をしてそれを持っていくと、「それ違うやろ！」と子どもに怒られることがあります。どうしてこんなに息子に気を遣わないと駄目なんだろうと困っています。

自分自身と自分以外のもの、家族、友人、先生、世の中の人々をつなぐのは、お互いの理解です。お互いに相手のことを分かって、初めて関係がつながります。その関係を良好にするものがコミュニケーションです。さまざまな相手に対する働きかけがあって、周りとより良い関係を持つことができるのです。全ては、自分を表現することから始まります。

子どもが言葉でなく音で何かを求めた時に、「何が欲しいの？」と言葉を使うことを求めます。子どもは、舌足らずながらも言葉で表現します。ところが、毎日一緒にいる母親は、音だけで子どもが何を求めているか分かってしまうので、あえて言葉にさせるという面倒なことをしなくても事足りるわけです。言葉を使わない子どもの出来上がりです。

言葉がなくても、あうんの呼吸で相手を感じ取るのは、とても重要な能力です。しかし、それに頼ってしまうと、子どもは話すことで自分を表現することを学ぶことができません。親子の間では良くても、一歩外に出れば言葉なしには意志疎通は図れないのです。言葉は、我々人類に与えられた意思疎通のための最高の道具です。その道具をうまく使えるかどうかは、ひとえに育った環境でどのくらい表現することを求められたかによります。

子どもは、言葉を使わず何かを要求したり、何かが気に入らないと泣き出したりすることがあります。そんな時に、必ず「どうして泣いているのか教えて」と言葉を使うことを子どもに要求します。あえて言葉での説明を求めるのです。親としては、むしろ察しが良くない方がいいのかもしれません。

察しが悪く、「どうしてなの?」「あなたの意見を聞かせて」などと**言葉での説明を求めると、子どもは親を理解させようと言葉を駆使します。そして、子どもが話し始めたら、話をさえぎらずに最後まで耳を傾けることです。**大きくなった子どもに対しても同じです。言葉での説明を求めることが大切です。

以心伝心だけでは言葉を使う能力は衰える一方

〔4〕反対押しきり進んだ高校をやめたいと言い出した

【質問】

高1の娘のことですが、担任や親の反対を押し切って、友達が大勢受けるからといって現在の高校を受験して合格しました。しかし、喜びもつかの間、自分が考えていた高校のイメージとのギャップが大きく、担任や親が勧めた高校を再受験すると言い出しました。今の高校は、勉強も部活動もイマイチで、人間関係のトラブルが多いとのことでしたが、案の定その通りでした。周りの反対を押し切って受験した高校なのに、今さらと苦慮するばかりです。

今の自分の人生は自分の選択の結果であることを、どのくらいの人が認識しているでしょうか？ いいことが起こった時は、自分の努力が実ったと思います。ところが、好ましくない結果については、誰かのせいにしたくなるのが普通です。私たちが手にしているのは、全てが私たちの選択の結果です。しかし、誰かのせいにしたくなるのは、自分が意識して選んでいないからです。

重要なことは、意識的な選択です。「自分が選んだ」と思えることです。意識的に選択することによって、責任意識が生まれます。責任意識とは、自分の選択に身を任せようとする行動です。子どもが幼い頃は、子ども自身に代わって親が選択をしますが、選択の訓練は幼い時から行います。人間は、どんなに幼くても、自分の選んだものには責任を持たなくてはいけません。

どんなに小さくても、分別《ふんべつ》のある子どもならば、**自分で選んだ選択に責任をとろうと行動します。**子どもが大きくなるにつれて、より重要な選択に子どもを参加させ、最終的には子どもにその選択を任せるようにします。**それが何であれ、意識して選ぶことが大切です。そうすることで、子どもはその選択に責任がとれるのです。**子どもには、なるべく物事を自分で選ぶ習慣をつけてやりたいものです。

この事例の場合、周りが反対したにもかかわらず、強硬に自己選択した結果、このような悲劇が起こってしまったわけです。したがって、家族や担任に責任転嫁をするわけにもいかず、責任意識が伴うはずですが、現実はなかなか厳しく、再受験という選択肢を選択しようとしています。これに対して親がどのような言動をとるかが課題となります。再受験して新たな高校生活を送ることになっても、新たな課題が生まれます。親子でよく話し合う必要があります。

幼い頃から意識してものごとを選択させる

〔５〕計画性のない息子、慎重な友人とトラブルに

【質問】

高２の息子のことですが、父親の私とは全く性格が異なり、計画性がなく無謀なところがあります。価値観の異なる友達とトラブルがあったようで、慎重な友達の言動に腹を立ててしまったようです。その友達と知り合って仲良しになりましたが、価値観の違いが原因で決裂してしまいました。私に相談してきたので、いろいろな考え方・とらえ方があることを伝えましたが、今一つ響きません。

自分とは異質なものを受け入れる力は、人とのコミュニケーションを容易にする大きな要素です。人は、自分の視点を持っていないところから発達していきます。幼い頃は、自分のものの見方しか分かりませんが、成長していくにつれて別の視点があることに気付き始めます。さまざまな見方・考え方・感じ方があるということが分かる

ようになります。

最終的には、相手の視点に立って物事を見るというところまで、自分を高めることができます。自分とは異質なものを受け入れるということになります。しかし、全ての大人がこの力を持つとは限りません。ましてわが子となると、自分と違う考え方をしていると想像すらしない親御さんもいます。相手には相手の視点があるということを分かろうとしないのです。**親の気質と子どもの気質が全く違う時、親は子どものことがなかなか理解できません。**

親の気質が穏やかで、子どもがその反対に激しい気質だとします。子どもの気質が激しいと、時に周りから非難の対象になることがあります。本人は少しふざけただけなのに、相手は乱暴されたと思ってしまうようなことです。こんな時に、親は激しい気質の子どもの言動が理解できないのです。

親は、こうした激しい気質の子どもを責めて、追い込みがちです。子どもは、責め続ける親を避けようとしますが、それが余計に親の神経を逆なですることになります。この逆の場合もあります。親の気質が激しくて、子どもの気質が穏やかな場合です。**子どもに異質なものを受け入れることを教える第一歩は、まず親が異質なものを受け**

入れることから始まります。

異質なものを受け入れるというのは、自分と相手は考え方や感じ方が違っていること、相手の考え方や感じ方を理解することができれば、相手の言動が理解できるということです。ただし、相手の言動を評価できない場合もあります。その場合は、「相手の気質から考えると、そうなるのは仕方がない」と理解することです。

自分の価値観とは全く異なる相手を見ると、理解できないことなどが多くて、相手を受け入れることができないのです。人は、それぞれ価値観や考え方に違いがありま す。**違いは違いであって、間違いではありません。親が身をもってその違いを受け入れていれば、**どう付き合えばいいかを子どもが積み上げてくれます。

まず親自身が異質なものを受け入れることから

第6章
親として大切なこと

思春期に、子どもが反抗したり、批判したりすることは、子どもの自立がうまく進んでいるということです。基本的には、今までの子育てが間違っていなかったということです。しかし、人は大人になる過程で必ずしも明確な反抗期があるとは限りません。反抗期がなかった親にとっては、子どもからの反抗や批判は許しがたいものになります。逆に、自分の子育てが間違っていたのではないかと罪悪感を抱く親もいます。

〔1〕中2の息子が不登校に、親のせい？

【質問】

中2の息子のことですが、5月の連休明けあたりから「疲れた」などと言って学校に行かなくなりました。これまでは、学校に行かなくなることもなく、本当に手のかからない素直ないい子でした。息子が不登校になるなんて、まさに青天の霹靂《へきれき》でした。長引くといけないので、登校刺激を与えると、「俺はずっと我慢してきたんだ！お前らのせいで、こんなことになったんだ！」

と、ものすごい剣幕です。親の育て方が悪かったのでしょうか?とてもつらいです。

これまで親の育て方が良くなかったと思ったことはないようですが、このように信頼しきっていた息子さんから責められると、**親の子育てが間違っていたのかもしれないという罪悪感でいっぱいになるとのこと。**親御さんとしては、立派な大人に育てようと厳しく育ててきた信念があったかと思います。「この子のために」と思って育てたことが、息子さんにとっては苦痛でしかなかったと思うと、不《ふ》憫《びん》でならないとのことです。

今の子育ては罪悪感にあふれていないでしょうか?現代は生き方が多様であり、どう生きるも自由であり、その選択が全て私たちに任されている時代です。そんな時代を敏感に感じ取っている親は、自分の子どもが少しでもいい人生を選べるように、無意識に自分や子どもを追い立てます。いいところの基準が、成績の良さや偏差値であったり、あるいはスポーツであったりします。

親は、自分の思い通りのことが起こらないと、子どもの努力が足りないからだと子どもを責めたり、自分の育て方が悪いからだと自分を責めたりします。**子どもを思い通りに育てられていないことに罪悪感を抱え込むのです。**時には子どもに申し訳ないという気持ちから、必要以上に物を与えたり、甘やかしたり、機嫌をとったりします。しかし、**親の抱く罪悪感は、子どもの自立には何の役にも立ちません。**

子どもが勉強をしないことに悩んでいる親がいます。子どもが勉強をしないのは子ども自身の問題であるにもかかわらず、全て親の責任であると考えたり、子どもに関わる人を責めたりします。こうした感情にとらわれている間は、問題の本質が見えてきません。**罪悪感にとらわれている親は、子どもと自分を切り離すことができず、問題を大きくしてしまいます。**

このような親は、子どもが学校で先生に注意されたりすると、まるで自分が注意されたかのようにとらえてしまうことがあります。すでに持っている罪悪感が刺激され、自分の子どもをかばおうとするわけです。親は子どものために闘っているように思っていますが、実は自分の罪悪感が自分を闘いに駆り立てていることに気付いていないのです。親と学校が対立することによって、子どもが傷ついていることにも気付かないのです。

どうか皆さん、こうした罪悪感から解放されませんか。生き方が多様だからこそ、選択が全て私たちに任されているからこそ、子どもをどうするかという以前に、私たちの考え方をもっとシンプルにして、何が大切かを見極めることが大切です。

この時代、この時期は、誰が生きても、誰が子育てをしても難しい時期といえるかもしれません。さまざまなことが思い通りにならないのは、親が悪いから、学校が悪いからではありません。自分を責めてはいけません。ましてや、思い通りにならない子どもを責めてはいけません。

この事例の場合、息子さんの将来を考えて、**親として一生懸命子育てをしてきたし、それに応えてくれたと感謝していること、しかし、そのことでずっと苦痛を感じてきたとしたら、**反省すべきことは反省したいと伝えてほしいとアドバイスしました。

必要以上の罪悪感にとらわれていると問題を大きくする

〔2〕 高2の息子、成績伸びず自殺未遂

【質問】

高2の息子のことですが、私が医者をしていることもあり、息子には幼い時から英才教育をしてきました。高校も県内のエリート校に進学し、順風満帆《じゅんぷうまんぱん》の状態で進んできました。しかし、成績が思うように伸びず、落ち込んでしまいました。こうなると、どんどんネガティブ思考に陥り、ついに自殺を図るまでに至りました。親として、どのように関わったらいいでしょうか？

命を落とそうとする子どもたちがいます。そのようなお子さんの相談にも乗っていますが、子どもはネガティブな思考からなかなか抜け出すことはできません。こんな時、親御さんは「**生まれてきてありがとう**」「笑ってくれてありがとう」「悪態をついてくれてありがとう」「あなたの全てにありがとう」と思うのではないでしょうか。

それ以上、何を望むことがあるのでしょうか？

子どもの実力をはるかに超える期待をかけて、子どもを特別な存在に仕立て上げようとすれば、それは親の子どもに対する略奪行為といえるかもしれません。しかし、親としてはこのようなことに思いを馳せることはあまりないと思われます。病気や事故など、子どもが命の危機にさらされるような切迫した状況になって初めて気付くことなのかもしれません。

親が子どもの持てる力を引き出し、子どもを自立させるためのコーチであろうとすれば、親子の信頼関係が不可欠です。子どもが親を信頼していないと、親は子どものコーチになることが難しいのです。**子どもの存在に感謝し、子どもの発する言葉に注意を払って、子どもに忠実に接していくことが大切です。それだけで、子どもからの尊敬が得られるはずです。**

自分のことで精いっぱいなのに、そんな時間もないし、そんな心のゆとりもないと嘆く親が少なくありません。しかし、時間や余裕の問題ではなく、密度の問題なのです。もちろん、本当に忙しくて子どもに関わっている時間がない親もいます。ところが、時間がないという人ほど、子どもに何かを押し付けて抵抗され、そのやりとりで時間を無駄にしたり、心身を消耗したりしていることが多いのかもしれません。

結局のところ、子どもと向き合う時間は少ないものの、マイナスのところに時間をかけているのかもしれません。親の子どもに対する感謝が子どもの信頼を生み、子どもの信頼が親への尊敬になって返ってきます。この相互関係や信頼関係が、子どもの防護壁となって子どもを守るものの一つではないかと思います。

この父親は、**知らず知らずのうちに直接的・間接的に息子にプレッシャーをかけていたことに気付きます。**しかし、息子さんは父親の期待に応えようと必死に頑張ってきたに違いありません。父親が卒業した有名大学に進学を希望していたようですが、成績が思うように伸びず、スランプに陥っていきました。とうとう八方塞がりの状態に追い込まれ、自殺しようとしたわけです。

父親は、学校からのアドバイスにより、**本人と正直に向き合うことになりました。**父親は、自分の出身大学に行ってほしいと強制したわけではありませんが、子どもなりに忖度《そんたく》してそうするべきと自分を追い込んだ感は否《いな》めません。そこで父親は、どこの大学に進学するかによって医者の価値が決まるわけではないこと、そんなことにこだわる必要はないが、「進学した大学で何を学び、どんな医者になりたいのかを考えることが大切である」と息子に伝えました。その後、息子は息を吹き返したように勉学に取り組み始めました。

子どもの存在に感謝し、正直に向き合ってみる

〔3〕 約束した時間を守らない娘

【質問】

小6の娘のことですが、今一つ信頼感がなく、約束したことを守ろうとしませんん。特に時間にルーズで、約束した時間を守らないことが多いので、そのことで親子げんかが絶えません。社会に出た時に、こんなことを繰り返していたら、誰も信頼してくれないし、孤立してしまうと諭《さと》すのですが、あまり効果がありません。この子の将来が心配で、どうしたものでしょうか?

確かに時間にルーズな子どもを何とかしたいという親の気持ち、よく分かります。将来のことを考えると心配ですね。学校においては、先生や友達からよく注意されるようですが、家庭ほどではないようです。したがって、学校ではそれなりに時間を意識しているようです。

親は、学校での集団生活や将来のことを心配して何とかしようとします。子どもが社会人になって、つらい思いをさせたくないという親心は、なかなか子どもには届かないようです。親がどれだけ心配しても効果がない場合もあります。そうなると、社会人になって痛い目に遭わないと分からないのでしょうか？

本人の話をよく聴くと、これでは駄目だとよく分かっているけど、ついつい約束を破ってしまうとのこと。わざとやっているわけではないようですが、良くないと理解はできているのに、時間を守るための具体的な方法が見つからないと考えられます。**本人の時間を守ろうという気持ちを評価するとともに、守るための方法を親子で考えてほしいとお願いしました。**

その後、本人の性格に合った方法が見つかり、少しずつ改善されていきました。時間を守ることのできない子ども、守らせることのできない親、両者が自信を失っていました。**守ることができた時には、親がオーバーなくらい評価することを大切にしてもらいました。**

本来、子どもはあるがままに生きて、それなりに楽しい人生を築き上げていきます。もし何かを不安に思う気持ちがあるのなら、それは私たち親自身の不安です。その不安を子どもに負わせて、子どもを何とかしようとしているのかもしれませんね。このようなことは、なかなか気付かないものです。

子どもの力を引き出すことを少し意識するだけで、子どもは持てる力をどんどん発揮するものです。自分と子どもを信頼すれば、子育てほど私たちの人生において実り豊かな体験はないはずです。子育てを通して、私たち親は、自分が育つことのできる機会が与えられます。子育てをする人へのごほうびです。

高校や大学を受験する子どもが勉強をしないという相談があります。今年希望している大学に合格しなかったら、来年その志望校を再度受験するか、今年は入れる大学に入るかのどちらかです。それは、子どもが選べばいいことです。ただし、浪人するのを支える経済力がないなど、親の側に問題がある場合は、子どもに事実を伝えて、子どもが何を選ぶか任せればいいのです。浪人できないとなれば、希望の大学にどうしても入りたいとなれば、放っておいても子どもは勉強するはずです。

子どもを信頼していない親は、何かにつけて心配を子どもに向け、過剰な心配で子どもを押しつぶしてしまいます。私たち親は、子どもにいろいろなことをさせようとしますが、かえって子どもの意欲や力にふたをしていることはないでしょうか。**人は、さまざまな可能性と力を持っています。私たち親にできることは、子どもを信じてそ**

の力が発揮される環境を作ることです。子どもを信頼することは、取りも直さず親自身が自分を信頼することから始まります。子どもは、親の信頼に応えようとします。

子どもを信頼して力を発揮できるような環境作りを

〔4〕親として語って聞かせるようなこともなく…

【質問】

中1の息子のことですが、やたらと私（父親）のことが気になるようで、私が小学生や中学生の頃のこと、仕事や趣味（釣り）のことなどをよく聞いてきます。人に自慢できる小学生・中学生でもなかったので、また仕事や趣味なども子どもに話すことのほどではないので、積極的に話していません。特に父親を尊敬しているわけでもない様子ですが、息子が私に対して優越感を持とうとしているのか、息子の真意がよくわかりません。

親が子どもに何かを教えたり、子どもを動機づけたりするやり方の一つは、親が自分を語ることです。親が自分を語ることが、子どもには貴重な宝物になります。子どもに対して「あなたは何をするべき」というより、親自身が自分に関しての気付きや夢を語る時、子どもは興味深くそれを受け取ろうとします。

全ての親が、希望通りの理想の仕事に就いているわけではありません。本当はどんな仕事がしたかったのか、どうしてそれを諦め、今の仕事に就いたのか、そんなことを語って聞かせます。理想の経歴ではなく、**親が生きている生の姿を語ること**です。全ての親が、素晴らしい感動的な話をしてあげられるわけではありません。自分を語るということは、立派な話ではなく、親が今生きている人生を語ることです。

心の不安定な思春期に、子どもはさまざまな試練にさらされます。そんな時に本当に**役に立つのは、親や先生といった大人との心の架け橋です。その架け橋は、大人の方が子どもに向かって架けていく必要**があります。自分を語ることは、子どもの心を引き付けます。その瞬間、空白の時を生きる子どもの心を、大人の方にぐっと引っ張ることができます。その繰り返しが、子どもの安定へと導くことになります。

親御さんに、「自分を語ろう、自分の今を見せよう」と言うと、必ずといっていいほど「**自分には語るものがない**。見せるほどのものがない」と言う人がいます。実際に語るものがない、見せるものがないこと以上に、**問題はその姿勢**です。そう言っている間は、語る努力をしなくてもいいからです。**親として、思春期の子どもを育てる時期は、「語るものがない、見せるものがない」などと言っている時ではない**のです。

タイミングを見はからって、ご自分の失敗談やエピソードなどを話してみてはいかがでしょうか。

親が生きている生の姿を語る。それが心の架け橋に

〔5〕母親に八つ当たり、父親とは口利かず

【質問】
中3の娘のことですが、自分の思い通りにならないと、母親の私に八つ当たりをします。特に学校で思い通りにならないことがあると、帰宅してから暴れる始末です。父親とは全く話をしません。また、試験が近づくと、うまく進まない自分に腹を立てて、その矛先を私にぶつけてきます。どうしたらいいでしょうか？

これには後日談があり、たまたまその惨状を見た父親は、見るに堪えず、娘を怒鳴りつけようとしました。しかし、普段から父親を避けていたこともあり、怒鳴りつけることを止めました。ある人からカウンセリングの傾聴の話を聞いていたので、**娘の話をじっくり聴くことにしました。**

そこで、父親は「まあ座れ」と娘を座らせ、「いったい何が不満なんだ？」と聞い

たそうです。すると、堰《せき》を切ったように勉強についての不安、うまくいかない不満など、次から次と出てきました。全て聴き終えて、父親は「そうか、成績のことが不安なんだな。分かった。今日は、もう勉強するな。成績のことは気にしなくていい。今日はもう休め」と伝えました。

次の日の朝、今までにはない大変なことが起こりました。誰にも何も言われないのに、娘は朝5時に起きて勉強をしていたとのこと。父親が真剣に子どもと向き合い、娘の話を聴いた成果でしょうか？父親は、娘と向き合うことを意識的に避けていたわけではありません。その発想がなかっただけです。**子どもと向き合って「どうした？」と話を聴くかわりに、「そんなことをしている暇があったら、勉強でもしたらどうだ」と言っていたわけです。**

子どもを、あるいは子どもの言動を恐れて、より悪くなるのを避けるために子どもと向き合わずにいることは、事態を悪くこそすれ、何も良いものを生み出すことはできないかもしれません。親が妥協して、子どもの機嫌を取り始めたら、親は子どもをなかなか導くことができなくなります。親の見て見ぬふりは、子どもに対する遠慮なのかもしれませんが、子どもの不適切な言動に対しては、親は断固として行動を起こすことが大切です。

大けがをしたり、親も子どもも心に大きな傷跡を残したりすることになりますので、我慢にも限界があります。自分を守るためにも、警察などの力を借りる方法も考える必要があります。一時の勇気は、多くを解決することがあります。その一瞬が怖くて向き合うことを次に回すと、次には問題に利子がついて、より大きな問題になって返ってきます。

私たちは、何か問題が起こると悩みます。十分に悩めば問題が解決するかのように思い込んで、悩んで悩んで満足してしまうのです。でも、**悩んでいるだけでは何の解決にもなりません。**また、必ずしも時が解決するわけではありません。利子が利子を生んで、**子どもとの間の溝が取り返しのつかないほど深くなる前に、子どもと向き合いたいものです。**

子どもは、表向きは向き合うことを避けているように見えるかもしれませんが、実は子どもは自分に向き合うことを待っていることがあります。どのようにして子どもに向き合えばいいか分からない時は、同じような経験をした人に相談するとか、親の学習会などに参加して、いろいろな体験談を聞いたり、アドバイスをもらったりという方法もあります。とにかく一人で悩み続けないで、また抱え込まないで、勇気を出して信頼できる人に相談して下さいね。

子どもは自分に向き合うことを待っている

〔6〕父親の私を非難する息子

【質問】

中2の長男のことですが、父親の私をとても軽蔑しているようで、何かにつけて母親の味方をして私を非難します。確かに朝は早く家を出て、遅くまで仕事をして帰りが遅くなりますが、一家を支えるために必死に働いてきました。その代わり、家のことは専業主婦の家内に任せきりで、父親としては失格かもしれません。ある時、小5の二男から「お父さん、お母さんはいつもお父さんの悪口を言っているよ。ぼくは嫌だなあ」と教えてくれました。家のためにこんなに身を粉にして働いている私のどこがいけないのでしょうか？

何ともはや、誠にお気の毒なご質問でした。ちゃぶ台をひっくり返したくなるような気持ちでしょうね。長男は、小さい頃から父親の悪口を聞かされているので、まるで洗脳されているかのような感は否《いな》めません。確かに、たまに家にいる時は、仕事のストレスで不機嫌なことが多く、立派な父親とはいえなかったかもしれません。**一番の問題点は、母親が子どもたちに父親の悪口を言い続けてきたことです。**

子どもは、親の思い通りに育たないものです。本来、私たち親は、子どもにとってのモデルとなっています。例えば、親がとても神経質でピリピリしていたとすると、子どもは、反面教師で親の反対をすることもあるでしょう。しかし、親の反対をやろうとする時、常に親のやったひどいことを意識しなくてはならないのです。

男の子のモデルは父親ですが、**経済の高度成長期以降における大きな問題の一つは、モデルとなる父親が、子どもの目に触れるところにいなかったことです。**子どもが寝る頃には、まだ帰宅していない。週末はといえば、それでも働き続ける父親、弱々しく疲れ果てている父親。父親が不在であることの問題は何でしょうか。それは、母親が父親の存在感を子どもに提示できなかったことから始まります。

母親が、妻として夫の不在中に不満を抱いていたらどうなるでしょうか?その思いをコントロールできない母親は、いつも一緒にいる子どもを相手に、いかに父親がいけない存在であるかを売り込みます。こういう状況の中で育った子どもは、母親と同一化し、自分までが父親を批判する側に回ってしまいます。母性に包まれ、愛されて育っても、**そこにはモデルとするべき父親の姿はありません。ないどころか、モデルとするべきものが否定されているので、男の子はモデルを失います。**

女の子のモデルは母親です。女の子は、母親に幸せな像を探します。人間として、あるいは女性として、**母親が幸せである時、娘は自分の未来像をそこに重ねます。不幸せな母親に対して、女の子は絶望します。**特に思春期においては、親から離れようとしながらも、自分の未来像を模索していますから、自分がモデルとするものが不幸であることに腹を立てるかもしれません。そして、心はさまよいます。

ただし、母親の幸せのカギを握るのは母親自身です。夫にできることといえば、「妻とコミュニケーションをとる」「妻の幸せを援助する」ことぐらいです。母親には、一人の人としての自立を勧めます。家庭の中だけにとどまらず、十分に社会と交わり、自分を磨くことをお勧めします。

夫は、妻が自立し幸せになることを援助する

〔7〕家庭は子どもが社会に出るための訓練の場では

【質問】

高1の息子は、高校を卒業したら就職したいと言っています。私（父親）も高校を卒業して社会人となりました。小学生の頃から父親に厳しく育てられましたが、そういう厳しい父親を恨んだこともありました。しかし、今振り返ってみると、そうした経験は社会人としてとても役に立ったと感謝しています。家庭は、仕事や学校での疲れを癒やす場であることはよく理解しています。その一方で、家庭は子どもが社会に出るための訓練の場でもあると考えていますので、子どもにはそのように接してきましたが、間違っているでしょうか？

親の家は、子どもにとっては訓練の場です。家を離れてもっと大きな社会に出ていくための、小さな実験の場です。隠れるための場にもなりますが、親は子どもに小さな社会を与える必要があります。社会にはいろいろな人がいます。そして、社会には価値観の異なるいろいろな人たちがうまくやっていけるように、ルールやマナーがあります。そのルールやマナーに沿って生きていれば、周りと大きな摩擦を生まずに快適に生きていけます。

親の家においても、何人かの人間が共同で生活をしています。そこには守るべきルールやマナーがあって当然です。**ルールは、子どもに「やってはいけないこと」と「やるべきこと」を教えます。そのルールに従う時、子どもは自分を律することを学びます。**ところが、家の中に子どもが従うべきものがないとしたら、子どもは社会に出て行った時、何かに従うことやルールを守ることをしようとしません。

何かのルールを設けるということは、ルールで子どもを縛ることではありません。世の中には、良いことと悪いこと、やるべきこととやるべきではないこと、などの区別があります。この区別に沿って自分を律して生きることが自分で立つ自立です。ルールは、その生き方を教えるための道具です。

虐待を受けた子どもは別ですが、幼い頃の子どもは、全てを肯定されて生きています。着ているものやオムツを汚しても、親はニコニコと取り替えてくれます。大切にされ、愛されます。

絵を描いたといって喜ばれ、鉄棒にぶら下がったといっては拍手され、幼い子どもは自分が何でもできると思い込んで育ちます。自分が泣けば、親たちは泣かなくてもいいように何でも叶えてくれるのです。そのプロセスで**自己肯定感などが育つ**わけですから、これは大変重要なことです。ところが、自己肯定感とともに育っているものがもう一つあります。それは万能感です。**子どもは、自分は何でもできると誤解してしまいます。**

学校に行くようになると、集団の中でもまれてさまざまな挫折感を味わいながら、自分をコントロールする力をつけていきます。このような経験を経て、子どもは自分の能力を信じ、周囲とも調和していけるようになります。

ところが中には、自分は何でもできる、何をやってもいいと思い込み、自由気ままに振る舞う人がいます。ルールを自分の都合のいいように勝手に変えて、周りをそのルールに従わせようとします。それによって人を傷つけても、いっこうに反省する様子はありません。皆さんの周りにこのような人はいませんか？

自分を有能であると感じる子どもは自信があり、自信のある子どもはさまざまな場で前向きな姿勢を見せます。そして、**家庭で子どもに責任を教えるプロセスこそが、万能感を有能感へ、自信へと変化させる道なのです。**なかなかうまくできないかもしれませんが、私たち親は、さまざまな場面をとらえて子どもを訓練し、社会人として生きていける準備をさせて、家から送り出すことができたらと思います。

家のルールにより子どもは自分を律することを学ぶ

〔8〕 厳格な父親にピリピリ、二女は反発

【質問】

父親は厳格で勤勉な人ですが、神経質で物事を理詰めで考える人です。そのため、私（妻）も中1の長女もピリピリしていますが、小5の二女は反発するようになりました。夫には感謝していますが、子どもたちのためにもう少しのユーモアと遊び心が欲しいと思っています。そうすれば、思春期に入った子どもたちも、もう少し伸び伸びと過ごせるのではないかと考えています。夫にそのようなことを期待するのは無理でしょうか？

この家族は、厳格で神経質な父親にピリピリする母親と姉、こうした父親に反発する妹の構成となっています。妹は幼い時から正義感が強く、納得できないものについては妥協しない子どもでした。父親から手を上げられることもありました。子どもの気質でしょうか、それともそれまでの育て方でしょうか、思春期が難しい子どもと、

そうでない子どもがいますね。

二人の娘は、母親に対してはとても優しく、特に妹はユーモアがあり、母親を元気づけようと気を遣っていました。母親も姉も、こうした妹にどれだけ癒やされたことでしょうか。したがって、父親から見ると、姉はおとなしい娘、妹は扱いにくい娘として映っていたと思われます。**厳格で神経質な父親にユーモアを持つように促しても、素直に受け入れることはできないでしょうね。**

おそらく父親がいない時は、母娘3人で仲良く過ごしていることと思います。四六時中ピリピリしているわけではないこと、これで3人は救われていることでしょうね。この母親は、娘たちに父親の悪口を言うことはなく、こうしてそこそこの生活ができるのは父親のお陰であることを、機会があるたびに伝えていたようです。心の底では父親に感謝しているものの、妹は父親に対して素直になれないのです。

「うちの子、どうしてこんなに大変なのかなあ」と思う親御さんもいるかと思います。しかし、それは一生続かないということです。長く続けないためにも、その都度、真剣な対応を心掛けることです。そして、**親自身が無駄に消耗しないためにも、また不用意に子どもを追い詰めないためにも、客観的になることを忘れないこと**です。

例えば、同じきょうだいでも一人一人個性が違うので、我慢して自己主張しない子どももいれば、自己主張しないといられない子どももいるのだと冷静に受け止めることです。子どもの主張については、認めるところは認めつつも、間違っているところは感情的にならないで冷静に指摘することが大切です。

自分の感情をコントロールすることは、子どもを育てる人にとって、一つの大きな課題です。感情のコントロールができるようになるためには訓練が必要です。**まず、ムッとした時やカッとなった時に、自分が腹を立てそうになっていることに気付くことです。**自分の感情に気付くためには、普段からその時の感情と体が感じていることを確認することです。

そんなにカッとするほどでもないことで、腹を立てていることはありませんか。少し余裕を持って、ユーモアで乗り切る練習をしてみて下さい。例えば、「どうしてそんなに腹を立てているんだい。いい大人が台無しだなあ。さあ、うまいものでも食べたり飲んだりして、カリカリした心に栄養を補給してくれないか」などと、自分を冷静に見つめているもう一人の自分が優しく声を掛けるなどです。

ユーモアなどと言っている場合ではない時もたくさんあります。だからこそ、**小さ**

い問題には客観的になる努力をし、ユーモアや面白みで乗り切るようにすると、深刻な事態になることがあっても、心の余裕を残しておけるのではないでしょうか。

自分の感情を客観視する訓練、そして一滴のユーモアを

【引用・参考文献】

○北國新聞朝刊生活・文化面『高賢一の実践親子塾』（二〇二〇年四月～二〇二一年三月）
○高賢一著『不登校を乗り越えるために』（北國新聞社出版局）
○高賢一著『思春期の子どもとどう接するか』（北國新聞社出版局）
○厚生労働省編『こころもメンテしよう～ご家族・教職員の皆様へ～』
○菅原裕子著『思春期の子どもの心のコーチング』（ＰＨＰ文庫）
○菅原裕子著『十代の子どもの心のコーチング』（ＰＨＰ文庫）
○長沼睦雄著『敏感すぎて生きづらい人のこころがラクになる方法』（永岡書店）
○山脇由貴子著『思春期の処方せん』（海竜社）
○明橋大二著『十代からの子育てハッピーアドバイス』（一万年堂出版）
○西永堅著『子どもの発達障害と支援の仕方がわかる本』（日本実業出版社）
○明橋大二著『ＨＳＣの子育てハッピーアドバイス』（一万年堂出版）

高　賢一（たか・けんいち）

昭和 28（1953）年、石川県輪島市生まれ。金沢大学法文学部専攻科修了、上越教育大学大学院教育学研究科修了。石川県内の公立中学校、公立高校教諭として奉職後、石川県教育センター指導主事、県立教育支援センター（適応指導教室）の主任指導員、不登校と向き合う親の学習会（やすらぎの会）のアドバイザーなどを歴任し、不登校・いじめ問題などに積極的に取り組んでいる。

13 年間奉職した金沢星稜大学を定年退職後、現在は金沢学院大学特任教授、学校心理士スーパーバイザー、ガイダンスカウンセラー、日本学校教育相談学会石川支部理事長。金沢大学、県立看護大学、県総合看護学校、北陸大学などの非常勤講師を歴任。12 年間にわたって公立中学校・公立高校のスクールカウンセラーを歴任。不登校に関する論文・講演会多数。

平成 22（2010）年、「「いじめ・不登校問題等と向き合って」という論文テーマで、第 26 回暁烏敏賞を受賞。著書として、『不登校だっていいじゃないか』（アントレックス社）、『不登校を乗り越えるために』（北國新聞社出版局）、『思春期の子どもとどう接するか』（北國新聞社出版局）などがある。白山市在住。

家庭で役立つ 10 代子育てのヒント

2021（令和 3）年 6 月 6 日　第 1 版 第 1 刷

著　者　高　賢一

発　売　北國新聞社 出版局

〒 920−8588
石川県金沢市南町 2 番 1 号
TEL 076−260−3587（出版局）
FAX 076−260−3423

ISBN978-4-8330-2234-7